04

유형별 사례중심

항소 · 항고 이유서

작성방법 과 실제

편저 : 대한법률편찬연구회
(콘텐츠 제공)

불기소처분불복·재기수사청구·무죄주장 대한 의견 등 수록

부당한 판결, 고등법원 재기수사청구, 혐의부인 등
항소 · 항고 사례를 법률 서류작성 형식에 맞추어 수록

머 리 말

우리 사회에서는 여러 사람들이 모여 살다 보니 각종 사건, 사고도 많이 일어나고 때로는 억울한 일을 겪게 되는 것이 우리가 사는 사회의 모습이기도 합니다. 살다보면 겪을 수도 있는 크고 작은 분쟁이 서로 원만하게 해결되면 좋겠지만 그렇지 않은 경우가 사실상으로 많습니다. 이럴 때에는 그 해결방법을 법의 판단에 맡기게 됩니다. 그런데 분쟁이 일어나서 막상 관련 사건에 대한 법에 대하여 알아보거나 법률 전문가의 전문적인 의견을 들어보게 되면, 예상과는 다를 경우에 당황하게 되는 경우가 간혹 있습니다.

미리 법에 대하여 어느 정도 알고 있었다면 상황을 좀 더 유리하게 이해하고 이끌 수 있으며 그렇지 못하여 손해를 보는 경우도 있습니다.

이 책에서 저자의 뜻한 바는 그러한 손해나 억울함을 겪지 않도록 미리 대비하는데 도움을 주기 위하여 기획을 하게 되었습니다.

법적 분쟁이 자주 발생하는 혐의불기소처분 불복항고, 재기수사명령청구, 선처호소 항소, 무죄주장 등 고소 사례를 법률 서류작성 형식에 맞추어 수록해 놓아 독자들이 쉽게 내용을 파악하여 각자의 상황에 적용할 수 있게 구성하였습니다. 독자들이 이 책을 통하여 법적 분쟁이 발생했을 경우에 억울한 손해를 입지 않고 상황을 유리하게 이끌 수 있도록 조금이나마 도움이 되기를 바랍니다.

마지막으로 이 책의 출판에 힘써 주신 여러분들에게 감사의 뜻을 표하는 바이며 법문북스 김현호 대표님을 비롯한 편집부 여러분에게도 이 지면을 빌려 감사드립니다.

편저자 필

목 차

§ 항소이유서 서식 사례 §

§ 항고이유서 · 항고장 서식 사례 §

항소 이유서

항 소 이 유 서

사 건 번 호 : ○○○○나○○○○호   대여금반환

원고(항 소 인) : ○   ○   ○

피고(피항소인) : ○   ○   ○

피고(피항소인) : ○   ○   ○

○○○○ 년 ○○ 월 ○○ 일

위 피고(항소인) : ○   ○   ○   (인)

서울 고등법원 귀중

항 소 이 유 서

사 건 번 호 : ○○○○나○○○○호   대여금반환

원고(항 소 인) : ○   ○   ○

피고(피항소인) : ○   ○   ○

피고(피항소인) : ○   ○   ○

위 사건에 대하여 원고(항소인)는 다음과 같이 재판장님 그리고 두 분 판사님께 항소이유를 개진합니다.

- 다 음 -

1. 원심판결의 요지

1. 피고 ○○○은 원고에게 37,000,000원 및 그 중 30.000.000원에 대하여는 ○○○○. ○○. ○○.부터, 7,000,000원에 대하여는 ○○○○. ○○. ○○.부터 각 다 갚는 날까지 월 2%의 비율에 의한 금원을 지급하라.

2. 원고의 피고 ○○○에 대한 청구와 피고 ○○○에 대한 나머지 청구를 각 기각한다.

3. 소송비용 중 원고와 피고 ○○○ 사이에 생긴 부분은 원고가 부담하

고, 원고와 피고 ○○○에 사이에 생긴 부분의 9/10는 원고가, 나머지
는 피고 ○○○이 각 부담한다.

4. 제1항은 가집행할 수 있다.

2. 원심판결의 요지 및 그 판단의 근거

1) 피고 ○○○의 대여금 청구원인에 대한 직권판단을 하였는바,

가) 갑 제9, 11호증의 각 기재 및 변론 전체의 취지를 종합하면, 원고
가 ○○○○. ○○. ○○. 피고 ○○○에게 1억 원을 월 2%의 비율
로 대여한 사실이 인정되고(이하 위 대여금을 "이사건 대여금"이라
고 한다), 원고가 그로부터 6,300만 원의 원금 및 ○○○○. ○○.
○○.까지의 이자를 변제받았음을 자인하고 있으므로, 특별한 사정
이 없는 한 피고 ○○○은 원고에게 나머지 대여금 3,700만 원 및
이에 대하여 ○○○○. ○○. ○○.부터 다 갚는 날까지 월 2%의,
비율에 의한 지연손해금을 지급할 의무가 있다고 판단하고,

2) 손해배상 청구원인과 관련하여,

가) 갑제1, 3호증의 각 기재에 의하면, ○○시 ○○구 ○○로 ○○,
○○프라자 제지하층 제비07호 상가에 관하여, ○○○○. ○○.
○○. 피고 ○○○이 대표이사로 있는 주식회사 ○○씨앤디 명의
의 소유권보존등기가 경료 된 후, 같은 날 원고 앞으로 매매를 원
인으로 한 소유권이전등기가 경료 된 사실,

위 상가에 관하여 채무자를 원고로 하는, ○○농업협동조합 명의

채권최고액 3억 3,600만 원의 ○○○○. ○○. ○○.자 근저당권설정등기, 주식회사 ○○이앤드씨 명의 채권최고액 2억 원의 ○○○○. ○○. ○○.자 근저당권설정등기가 각 경료 된 사실,

○○농업협동조합의 신청으로 ○○○○. ○○. ○○.위 상가에 관한 경매개시결정이 내려졌고, 위 경매절차에서 ○○○○. ○○. ○○.김○○이 위 상가를 낙찰 받은 사실,

위 상가를 담보로 원고가 ○○농업협동조합으로부터 차용한 대출금의 ○○○○. ○○. ○○.기준 원리금이 480,871,185원인 사실이 인정된다며,

위 인정사실이나 갑 제4, 8, 10, 12호증의 각 기재만으로는 피고들이 원고명의의 위 대출금 채무를 변제하여 주기로 약정하였거나 ○○농업협동조합 명의 근저당권을 말소해 주기로 기망하였음을 인정하기에 부족하고, 달리 이를 인정할 증거가 없다는 이유로 원고의 위 청구를 배척하였습니다.

3) 피고 ○○○에 대한 대여금청구와 관련하여,

　가) 갑 제6, 1, 12호증의 기재에 의하면 피고 ○○○ 또는 남편 ○○○ 명의의 계좌를 통해 이 사건 대여금에 대한 ○○○○. ○○. ○○.부터 ○○○○. ○○. ○○.까지의 이자가 지급된 사실이 인정되나,

　갑 제8, 9,호증의 각 기재 및 변론 전체의 취지를 종합하면, <u>원고</u>

는 금전대여 사기로 피고 ○○○만을 고소하였을 뿐 피고 ○○○를 사기죄의 공범으로 고소하지 않았고,

이 사건 합의의 당사자로도 삼지 않은 사실이 인정되는바, 위 인정사실에 비추어 보면 앞서 인정한 사실만으로 피고 ○○○가 피고 ○○○과 공동하여 원고로부터 이 사건 대여금이 위 사업에 사용되어 조합채무에 해당한다고 보기에 부족하고, 달리 이를 인정할 증거가 없다는 이유로 원고의 위 청구를 배척하였습니다.

4) 피고 ○○○에 대한 손해배상 청구와 관련하여,

   가) 피고들이 원고 명의 대출금 채무를 변제하기로 약정하였거나 ○○농업협동조합 명의 근저당권을 말소해 주기로 기망하였음을 인정할 증거가 없다는 이유로 원고의 피고 김연희에 대한 손해배상 청구를 배척하였습니다.

5) 원심판시사실

원심판시사실은 위와 같은 해석으로 원고의 피고 ○○○에 대한 청구는 위 인정범위 내에서 이유 있다며 인용하고,
나머지 청구는 이유 없다며 기각하고,

피고 ○○○에 대한 청구는 모두 이유 없다는 판단으로 기각하였습니다.

3. 원심판결의 부당성

가, 원심이 그 판단의 근거로 삼은 사실들에 대하여 편의상 항목별로 ①, ②, ③, ④ 등으로 구분하여 나, 항과 같이 첨가하겠습니다.“① 피고들이 원고명의의 위 대출금 채무를 변제하여 주기로 약정하였거나 ○○농업협동조합 명의 근저당권을 말소해 주기로 기망하였음을 인정하기에 부족하다는 사실, ② 원고는 금전대여 사기로 피고 ○○○만을 고소하였을 뿐 피고 ○○○를 사기죄의 공범으로 고소하지 않았다는 사실, ③ 피고 ○○○를 이 사건 합의의 당사자로도 삼지 않은 사실이 인정된다는 사실, ④ 이 사건 대여금이 위 사업에 사용되어 조합채무에 해당한다고 보기에 부족하다.”는 것 들입니다.

나, <u>그러나 원고는 후술하는 아래와 같은 이유로 도저히 수긍할 수 없습니다.</u>

1) 이 사건 대여금의 실체

가) 피고들은 ○○시 ○○구 ○○로 소재에 있는 브라운스톤 단지에 거주하면서 같은 단지 내 상가건물에서 “○○부동산”이라는 상호로 부동산중개업을 운영하면서 ○○시 ○○구 ○○로 ○○, ○○프라자(이하 도로명주소 “○○시 ○○구 ○○로○길○”(○○동)라고 하겠습니다)를 건축하여 분양하려고 했으나 자금이 없는 관계로 원고(<u>장애인입니다</u>)로부터 자금을 끌어들여 이 사건 분양사업을 하던 사람들입니다.

나) 피고들은 원고에게 금 1억 원을 대여해 주면 월 2%의 이자를 지급하겠다고 하여 원고로서는 ○○○○. ○○. ○○.여기저기서 자금을 융통하여 금 1억 원을 피고들에게 대여하였습니다.

다) 이때 원고로부터 위 1억 원을 대여한 사람과 직접 수령한 장본인은 바로 피고 ○○○ 본인이었으며, 피고 ○○○는 ○○○○. ○○. ○○.까지 피고 ○○○ 또는 그의 남편인 소외 ○○○의 이름으로 된 은행계좌에서 원고에게 위 대여금에 대한 약정이자 2%인 월 200만원도 지급해 오다가 그 후 부터는 이자를 지급하지 않았습니다.

라) 이에 원고는 피고들을 사기죄로 고소한 이후 합의하는 과정에서 6,300만원을 변제받고 원고가 한 고소사건은 그 무렵 취하한 사실이 있습니다.

2) 이 사건 손해배상의 실체

가) 피고들이 분양하는 이 사건 ○○프라자(이하 앞으로는"상가건물"이라고 줄여 쓰겠습니다)는 ○○○○. ○○. ○○.준공이 되었으나 분양이 순조롭지 못해 공사대금을 비롯하여 수많은 채무를 변제할 길이 막연하게 되자 궁여지책으로 여러 채권자들에게 소유권을 이전한 다음 그 채권자들의 개개인명의로 대출을 실행하여 빼돌리기 위하여 피고들은 원고에게는 시가 4억 원 상당인 이 사건 상가건물 제지하층 제07호에 대하여 소유권을 이전해놓고 원고의 대여금 1억 원은 무슨 수

가 생기더라도 꼭 변제하겠다고 약속한 후 급기야 분양계약서를 작성하고 ○○○○. ○○. ○○.원고에게 이전등기하면서 원고를 채무자로 채권최고액 금 336,000,000원의 근저당권을 소외 ○○농업협동조합에 설정하고 금 240,000,000원을 대출받아 피고들이 ○○농업협동조합으로부터 직접 위 대출금을 수령하였고, 또한 시공사인 소외 주식회사 ○○이앤드씨(이하"시공사"라고만 합니다)에게 공사대금채권의 담보로 원고를 역시 채무자로 한 채권최고액 금 200,00 0,000원의 근저당권을 각 설정하였습니다.

나) 피고들은 원고와 한 약속을 전혀 지키지 않는 바람에 ○○농업협동조합(이하"농협"이라고만 하겠습니다)의 신청으로 ○○○○. ○○. ○○.위 상가건물에 관한 경매개시결정이 내려졌고, 위 경매절차에서 ○○○○. ○○. ○○.소외 김○○이 위 상가건물을 낙찰 받았으나 근저당권자인 농협은 채권최고액 336,000,000원에서 대출원금 금 161,630,766원을 변제받지 못하였습니다,

다) 원고가 위 농협에 대한 채무자로 대출을 받은 것이므로 ○○○○. ○○. ○○.까지의 금 161,630,766원의 원금에 대한 지연이자 금 319,240,419원이 부가되어 원고가 위 농협에 대하여 변제하여야 할 금액은 금 480,871,185원(내역 : 원금 161,630,766원+지연이자 319,240,419원)이 부가된 상황입니다.

라) 그러므로 원고가 ○○○○. ○○. ○○.현재까지의 위 농협

에 부담하는 대출금 합계금액은 480,871,185원의 채무는 피고들이 대출원리금을 변제하기로 한 약속을 지키지 아니하여 발생한 손해이므로 피고들은 연대하여 원고에게 위 손해금 및 이에 대하여 ○○○○. ○○. ○○.부터 다 갚는 날까지의 위 농협의 연체이자율 연 18.47%에 의한 금원을 지급할 의무가 있습니다.(이 부분에 대해서는 유보하고 추후 별도로 항소취지를 확정할 생각입니다)

마) 참고로 이 사건 상가건물을 원고와 같이 소유권을 이전한 피고 ○○○는 이 사건 상가건물 4층을 소유권이전등기를 하였는데 처음부터 아무런 대출을 받지 않았고 원고에게 소유권을 이전한 이 사건 상거건물 제지하층 제07호에는 농협을 비롯해서 시공사에게 근저당권을 설정한 것은 무려 금 536,000,000원(내역 : 농협 336,000,000원+시공사 200,000,000원)인 것만 보더라도 피고들은 의도적으로 원고의 대여금 1억 원을 변제하지 아니하려고 변제를 조건으로 담보를 제공하는 척 하면서 그것도 지하층으로서 가치도 없는 상가건물이라 원고의 명의를 빌려 몽땅 대출을 받아 챙기고 상가건물 제07호를 날리려고 한 짓입니다.

실제 사주인 피고 ○○○는 사전에 상가건물에 대하여 신탁등기로 부동산이나 자금을 신탁관리하지 않고 의도적으로 자신들의 친 인척이나 자신의 명의로 소유권을 이전한 상가건물에는 대출자체를 실행하지 않았고, 분양도 어렵고 임대도 용이하지 않은 쓸모없는 지하층만 골라 대출을 몽땅 빼 가로채고 상가건물을 날리기로 마음먹고 장애자로 아무것도 모르는 원고에게

이 사건 지하층 제07호를 원고에게 소유권을 이전하고 대출을 받아서 원고에게 빌린 금 1억 원을 변제하겠다고 거짓말을 하고 원고에게 소유권을 이전하면서 <u>농협에 대한 대출금 또한 피고들이 원고 몰래 수령하고도 원고의 대여금 1억 원을 변제하지 않았습니다.</u>

3) 가, 의 ① 과 관련하여,

가) 원심판시사실에 의하면, "피고들이 원고명의의 위 대출금 채무를 변제하여 주기로 약정하였거나 ○○농업협동조합 명의 근저당권을 말소해 주기로 기망하였음을 인정하기에 부족하다"고 판단하였습니다.

나) 피고들은 상가건물을 건축하여 분양하려고 했으나 자금이 부족하여 수많은 부채를 부담하고 있었고, 통상적으로 상가건물은 분양성과가 보장되는 곳은 1군에 속하는 건설회사들이 자금을 지원하고 이 사건 부동산에 대한 신탁회사로 하여금 분양대금 등을 관리하였을 터인데 이 사건 상가건물은 사업초기부터 분양성과를 보장할 수 없는 낙후된 지역이고 사업성이 없어서 1군 건설업체가 참여하지 않았던 곳이였기 때문에 자금을 끌어와 당장이라도 급박한 불부터 꺼야하는 피고들은 임시방편으로 <u>원고로부터 돈을 빌리더라도 변제할 능력이 없으면서 원고에게 잘 팔리지도 않고 임대도 놓을 수 없는 쓸모없는 지하층 제07호를 소유권이전하고 농협으로부터 대출을 받아 원고로부터 대여받은 금 1억 원을 변제</u>

하겠다고 속이는 바람에 이를 믿은 원고는 소유권을 이전하였지만 진정 농협으로부터 실행된 대출금마저 모두 피고들이 원고 몰래 수령하였고 소유권이전등기비용이나 취·등록세를 비롯해서 농협에 대한 근저당권설정등기비용도 모두 피고들이 납부하고 대출금에서 원고의 대여금을 변제하지 않은 것만 보더라도 피고들은 처음부터 원고에게 돈을 빌리더라도 변제할 의사나 능력이 없었다고 증명되는 부분입니다.

다) 피고들은 의도적으로 원고에게 소유권이전 한 위 상가건물의 지하층 제07호는 처음부터 대출을 받아 원고의 돈 1억원을 변제하려고 한 것이 아니라 대출을 몽땅 받아 개인용도로 착복하고 상가건물을 날리려는 계산에서 비롯된 것이라는 사실로 증명되는 부분은 바로 대출을 받아 원고의 돈을 변제할 마음이 있었다면 농협으로부터 대출금을 피고들이 원고 몰래 가로챌 것이 아니라 원고가 보관하고 거래하는 통장으로 입금시켜놓고 여기서 원고의 대여금을 공제한 나머지의 대출금을 피고들이 원고를 통하여 수령했어야 맞는 것인데 피고들은 이러한 절차를 무시하고 피고들이 대출금을 원고 몰래 가로챘다는 것이야 말로 피고들의 기망은 입증되고도 남습니다.

4) 가, 의 ② 과 관련하여,

가) 원심판시사실에 의하면, "원고는 금전대여 사기로 피고 ○○○만을 고소하였을 뿐 피고 ○○○를 사기죄의 공범으로 고

소하지 <u>않았다</u>"고 판단하였습니다.

나) 원고는 ○○○○. ○○. ○○.별지 첨부한 고소장(당시 ○○ 경찰서에 제출한 고소장을 제출하겠습니다)은 피고소인으로 피고 서원영과 같은 <u>피고소인 피고 ○○○를 각 사기죄 등으로 고소하였으며</u> 그 고소취지에는 피고소인 ○○○과 피고소인 ○○○를 사기죄로 고소하오니 처벌해 달라는 고소장이 접수되어 수사한 사실이 있습니다.

다) 위 고소사건은 당시 ○○지방검찰청으로 송치되어 원고가 고소장 사본을 등사한 것도 증거자료로 제출하겠습니다.

라) 추가로 말씀드리자면 원고는 피고 ○○○을 통하여 이 사건 상가건물을 분양하는 주식회사 ○○씨앤디에 ○○○○. ○○. ○○.부터 이 사건이 발생하기 전까지 관리이사로 근무하면서 누구보다도 주식회사 ○○씨앤디에 대해 그 내막을 정확히 아는 사람은 원고 외에는 없습니다.

주식회사 ○○씨앤디의 대표이사는 형식적으로 피고 ○○○이었지만 실제 이 사건 상가건물을 분양하기로 기획한 것도 그린부동산을 운영하던 피고 ○○○가 사주이면서 모든 경영권을 행사하였고, 피고 ○○○은 일명 바지에 불과하다는 사실을 잘 알고 있었고 <u>원고가 피고들에게 1억 원을 빌려줄 때도 피고 ○○○가 1억 원을 직접 수령하였으며</u> 또한 피고 ○○○가 자신의 개인통장에서 원고에 대한 이자금도 지급하여왔기 때문에 피고 ○○○를 사기죄로 고소한 것이고 범죄사실 또한 피고 ○○○의 지시에 의한 범행임이 여실히 밝혀지고 있습니다.

5) 가, 의 ② 과 관련하여,

가) 원심판시사실에 의하면,"피고 ○○○를 이 사건 합의의 당사자로도 삼지 않은 사실이 인정된다."는 판단을 하였습니다.

나) 원고와 피고 ○○○은 고교시절 같은 반 동기동창으로 고교시절 및 대학시절부터 사회에 나와서도 여름휴가도 같이 동행하는 등 친하게 지냈으며 피고 ○○○의 제안으로 주식회사 ○○씨앤디 내세워 이 사건 상가건물을 분양할 ○○○○. ○○. ○○.부터 원고와 피고 ○○○은 ○○○○. ○○. ○○.까지 숙식을 같이 하다시피 했습니다.

다) <u>피고 ○○○과 피고 ○○○는 남자로서 이런 말을 해서는 안 되지만 서로 깊은 관계에 있었고, 피고 ○○○은 원고가 잘 알고 있지만 가진 것도 없고 주식회사 ○○씨앤디라는 법인을 설립해 이러한 상가건물 분양할 위인이 못됩니다.</u>
모두 <u>○○부동산을 운영하는 피고 ○○○가 자금을 끌어대고 모든 자금관리 또한 피고 ○○○가 주도했고 하물며 피고 ○○○도 피고 ○○○로부터 돈을 받아 사용하는 입장으로 일명 바지였습니다.</u>

원고가 관리이사로 근무하면서 피고들을 지켜본바 피고 ○○○이 사소한 일에 대해서 결정하면 피고 ○○○가 대부분 따랐으므로 합의하는 장소에 피고 ○○○과 피고 ○○○도 동석하였기 때문에 원고로서는 피고 ○○○과 합의한 것이 피고 ○○○도 원했던 합의였으므로 원고로서는 대수롭지 않게 생각하고 합의서를 작성하게 된 것이지만 그 후 실제로 ○○○○.까지 4차례에 걸쳐 금 2,300만원을 송금을 받았습니다.

라) ○○○○. ○○. ○○.원고가 피고들을 사기 등의 혐의로 고소하여 원고와 피고 ○○○과 피고 ○○○가 출석하여 조사 받던 중 담당 조사관이 합의를 종용하자 피고들이 원하여 합의를 하는 과정에서 원고가 세입자로 오래되어 기억은 잘 나지 않지만 피고들이 원고 명의로 이전한 제07호에 대하여 임의대로 의료기취급회사 메디아이에게 월세보증금으로 금 1,500만원에 월세는 약 100여만 원 정도로 임대차계약서까지 써놓은 곳에 원고가 날인하고 위 전세보증금 1,500만원 중 피고들의 요청에 의하여 소외 ○○○에게 송금한 500만을 제외 한 금 1,000만원을 원고가 영수하기로 하고 이 사건 상가건물 지하층 제07호에 대한 부가세 환급금 31,464,000원을 원고에게 지급된 것으로 하며 원고가 피고들에게 빌려준 금 1억 원에서 4,000만원 변제한 것으로 하기로 하고 금 6,000만 원에 합의를 본 것입니다.

마) 그 후로도 피고들로부터 금 2,300만 원을 변제받았으나 여기서 원고의 대여금 1억 원 중에서 지급받지 못한 금

3,700만원을 계산하게 되면 피고들이 임차인으로부터 지급받은 보증금에서 원고가 피고들로부터 돌려받은 보증금을 비롯하여 4,000만원을 원고가 변제받은 것으로 합의하였고 추가로 2,300만 원을 변제받아(100,000,000원-40,000,000원-23,000,000원) 금 37,000,000원을 현재까지 피고들로부터 지급받지 못하고 있습니다.

바) 피고들 중에서 원고와 피고 ○○○은 친구라는 사이 때문에 피고 ○○○과 피고 ○○○에게 청구하는 것으로 자칫 오해를 살 수도 있으나 결코 그러한 생각을 자져본 사실도 없고 원고로서는 피고 ○○○에 대해서는 누구보다도 잘 알고 또는 피고 ○○○으로서는 그러한 그릇이 못되는 사람으로서 이 사건의 모체인 주식회사 ○○씨앤디를 <u>내세운 것도 피고 ○○○이고</u> 주식회사 ○○씨앤디의 모든 입출금에서부터 직원들의 급료에 이르기까지 일체의 자금유입도 피고 ○○○가 주도하여 관리했고 피고 ○○○가 운영해왔으며 피고 ○○○은 피고 ○○○가 내세워놓은 바지에 불과합니다.

재판부에서 피고 ○○○을 두둔하는 것처럼 보일지는 모르겠습니다만 피고 ○○○은 피고 ○○○의 바지로서 피고 ○○○도 피해자이고, <u>원고는 피고 ○○○로부터 철저하게 이용당한 절대적인 피해자라는 사실입니다.</u>

합의 당시만 해도 원고가 피고 ○○○과 피고 ○○○를 사기 등으로 고소하여 수사관면전에서 조사를 받을 때 <u>피고들이</u>

합의를 요청했었고 또 피고 ○○○과 피고 ○○○가 같이 작성해온 합의서에 서명한 것이며 <u>더군다나 피고들은 수사과정에서 스스로 범죄사실을 자백한 상황에서 피고 ○○○를 당사자로 삼지 않은 것은 이제 와서 피고들이 합의내용을 이행하지 않은 것을 보면 경험칙상 극히 이례적인 것</u>이기는 하지만 원고로서는 전혀 의심을 하지 않고 피고들이 작성해온 합의서에 서명만 날인한 것은 원고가 결과적으로 <u>피고 ○○○를 사기죄로 고소하고 처벌해 달라고 고소장을 제출하고 수사과정에서 합의를 요청받은 입장에서 구태여 피고 ○○○를 당사자로 삼지 않을 이유 또한 전혀 없었습니다.</u>

사) 따라서 원심판시사실은 <u>피고 ○○○가 주식회사 ○○씨앤디의 실질적인 사주로서 피고 ○○○을 바지로 내세워놓고 모든 기망행위는 피고 ○○○가 한 책임을 부정하는 판결이 아닐 수 없고,</u> 원고가 피고 ○○○를 사기죄로 고소하여 조사까지 받은 사실을 배척하고 <u>고소하지 않은 것으로 판단하고,</u> 이 사건 합의에 피고 ○○○를 당사자로 삼지 않았다는 이유로 기각한다는 취지의 판결은 모호한 판결일 뿐입니다.

4. 결론

가, 이 사건은 피고 ○○○가 주식회사 ○○씨앤디의 실질적인 사주인가, 원고가 피고 ○○○를 사기죄로 형사 고소하였는가, 원고가 피고들과 합의를 하면서 피고 ○○○를 당사자로 삼지 않았는지가 중요한 쟁점이라고 판단됩니다.

나, 그러나 원고는 피고들로부터 주식회사 ○○씨앤디에 관리이사로 근무한 관계로 유일한 당사자인 원고의 주장과 당시의 정황으로 볼 때 피고 ○○○가 주식회사 ○○씨앤디의 실질적인 사주로서 피고 ○○○을 바지로 내세워놓은 것일 뿐 사주는 피고 ○○○입니다.

다, 피고 ○○○의 사실관계에는 상식적으로 납득할 수 없고 거래의 관행이나 경험칙에 반하는 부분이 너무나 많으며 원고에게 이전한 지하층 제07호를 농협으로부터 대출을 받아 원고의 대여금 1억 원을 변제하겠다고 해서 이를 믿고 원고가 인감도장 등을 찍어준 것인데 농협의 대출금을 피고 ○○○가 원고 몰래 수령하여 타에 사용하고 원고에게 지급하지 않아 원고가 피고 ○○○과 피고 ○○○를 사기 등의 혐의로 고소장을 제출하여 피고들은 수사기관에 출두하여 조사과정에서 합의서를 체결하였던 것입니다.

라, 합의금을 지급하는 과정에서도 밝혀지는 바와 같이 피고들은 이 사건 원고에게 이전한 제07호를 피고들이 스스로 임대차계약을 체결하고 지급받은 보증금 1,500만원 중에서 500만원은 타에 사용한 나머지 1,000만원을 원고에게 지급한 것이고 원고의 명의로 위 점포에 대하여 소유권이전등기를 하면서 발생된 부가가치세 약 3,000여만 원을 지급한 것으로 하면서 합계 4,000만 원을 지급하고 나머지 6,000만 원은 지급하기로 합의하였으나 그 이후 2,300만 원만 지급하고 고소를 취하시켜놓고 현재에 이르기까지 금 3,700만원을 지급하지 않았습니다.

마, 더욱이 피고들이 이 사건 점포를 원고에게 소유권을 넘긴 후 농협으로 하여금 대출을 받아 대출금으로 원고의 대여금을 지급하기로 하여 원고는 피고들을 믿고 일건서류를 피고들에게 교부하였던 것인데 피고들이 약속을 지키지 아니하고 원고를 이용하였기 때문에 피고 ○○○과 피고 ○○○를 고소하였던 것이고 합의하는 과정에서 원고는 또 피고들을 믿었던 것인데 이것마저 피고들은 장애자인 원고를 철저히 짓밟았던 것입니다.

바, ○○농업협동조합으로부터 수령한 대출금에서 원고의 대여금을 변제하지 않았으므로 피고들은 연대하여 위에서 살펴본바와 같이 원고에게 이 사건 대여금을 마땅히 지급하여야 하는 것이므로 원심을 파기하고 변경된 항소취지와 같은 판결을 내려 주시기 바랍니다.

소명자료 및 첨부서류

1. ○○경찰서제출의 고소장 사본   1통
1. ○○지방검찰청제출의 고소장 사본   1통

○○○○ 년 ○○ 월 ○○ 일

위 원고(항소인) : ○   ○   ○   (인)

서울 고등법원 귀중

항 소 이 유 서

사 건 번 호 : ○○○○노○○○○호 폭력행위 등

피고인(항소인) : ○   ○   ○

○○○○ 년 ○○ 월 ○○ 일

위 피고인(항소인) : ○ ○ ○   (인)

전주지방법원 형사항소○부 귀중

항 소 이 유 서

1. 항소인(피고인)

성 명	○ ○ ○	주민등록번호	생략
주 소	전주시 ○○구 ○○로 ○○길 ○○, ○○-○○○호		
직 업	상업	사무실 주 소	생략
전 화	(휴대폰) 010 - 6789 - 0000		
사건번호	○○○○형제○○○○호 폭력행위 등		

피고인(항소인)은 전주지방법원 ○○○○노○○○○호 폭력행위 등 피고
사건에 대하여 다음과 같이 항소이유를 개진합니다.

- 다　　음 -

1. 사건의 개요

　　가, 피고인은 ○○○○. ○○. ○○. 전주지방법원 ○○○○고단○○
　　　　○○호 폭력행위 등 혐의로 징역 6월에 집행유예 2년을 선고받
　　　　았는바, 그 판시사실의 요지는 다음과 같습니다.

　　나, 피고인은 ○○○○. ○○. ○○. 15:20경 전라북도 전주시 ○○

구 남노송로 ○○, 소재의 ○○제과점 앞길에서 피해자 ○○○ (남, 39세)와 시비하던 중 주먹과 발로 위 피해자의 목과 배 등을 폭행하여 위 피해자에게 27일간의 치료를 요하는 경추부염좌 등의 상해를 가한 것이 인정되어 징역 6월의 집행유예 2년을 선고한다는데 있습니다.

2. 이 사건의 실체

가, 항소인(이하"피고인"이라 하겠습니다)은 ○○○○. ○○. ○○. 15:20경 전라북도 전주시 ○○구 남노송로 ○○, 소재의 ○○제과점 앞길에서 피해자 ○○○(남, 39세)을 폭행하였다는 범인으로 현행범 체포되었고 유치장에 입감된 후 다음날인 ○○○○. ○○. ○○. 09:25경 양 손목에 수갑을 차고, 포승으로 온 몸을 결박당한 상태에서 전주 ○○경찰서 소속 경사 ○○○에게 피의자 조사를 받았는데, 피고인은 만취된 상태에서 아무리 기억을 하려고 해도 기억이 나지 않지만 피해자라는 사람을 알지도 못하고 폭행을 가한 사실이 전혀 없습니다.

나, 오히려 피고인은 피해자입니다.

당시 경사 ○○○은 아무런 근거도 없이 피고인을 범인으로 지목하여 수갑, 포승 등 경찰장구를 사용하여 피해를 입었습니다.

다, 후일 알게 된 것이지만 출동한 경찰관의 진술에 의하면 전주 ○○경찰서 소속 ○○지구대 경위 ○○○ 외 3명은 ○○○○. ○

○. ○○. 15:20경 상해사건관련 112신고를 받고 전라북도 전주시 ○○구 남노송로 ○○, 소재의 ○○제과점 앞길에 피해자 ○○○(남, 39세)가 쓰러져 있고, 사고현장 주변을 지나던 피고인의 옷에 피가 묻은 자국이 있었고 술을 많이 목지 않았는데 횡설수설하여 피해자를 폭행한 사실을 부인하고 도주 우려가 있다고 판단하고 현행범으로 피고인을 체포하였다고 주장하고 있습니다.

라, 전주 ○○경찰서 소속 경사 ○○○은 당직근무 중 이 사건을 배당받았는데, 당시 피고인은 만취되어 자기 몸도 제대로 가눌 수 없는 상태로 욕설을 하여 조사하는 것이 불가능하다고 판단하고 원칙적으로 심야조사가 금지되어 있었으나 자초지종을 조사하지도 않고 피고인을 유치장에 입감하였습니다.

○○○○. ○○. ○○. 09:20경 유치관리계 직원들이 피고인에 대한 피의자 조사(피의자신문조서 작성)를 위해 피고인을 형사팀으로 호송하면서피의자 유치 및 호송 규칙 제22조 제1항에 따라 피고인에게 수갑 및 포승을 채웠고, 일반적으로 수갑 및 포승을 채운 후에도 경찰관서 내에서 조사를 할 때에는 수갑 및 포승을 해제하여야 하나, 피고인이 자살, 자해, 도주, 폭행의 우려가 현저한 때에는 수갑 및 포승을 사용할 수 있다며, 경사 ○○○은 이 사건 기록에서 피고인이 폭행사실을 완강히 부인한 사실로 볼 때 피고인의 수갑과 포승을 해제하고 조사하였어야 함에도 수갑과 포승을 해제하지 않은 채 계속해서 피고인을 범인으로 몰아갔습니다.

결단코 피고인은 피해자를 알지도 못하고 폭행을 하지 않습니다.

3. 사실관계

가. 현행범인체포서에 따르면, 전주 ○○경찰서 소속 ○○지구대 경위 ○○○는 ○○○○. ○○. ○○. 23:50 식당에서 피고인과 피고인의 후배가 함께 술을 마시던 중, 피고인의 후배가 옆 테이블에서 술을 마시고 있던 박○○(1987년, 이하'상대방 1'이라 한다), 김□□(1987년, 이하'상대방 2'라 한다), 이○○(1986년, 이하'상대방 3'이라 한다), 박□□(1987년, 이하'상대방 4'라 하고, 통칭할 때는'상대방들'이라 한다)이 시끄럽게 떠들며 술을 마시고 있는 것을 보고 화가 나서 상대방 2를 폭행하였고, 옆에 있던 상대방 1이 피고인의 후배에게 달려드는 것을 보고 피고인이 주먹으로 상대방 1의 얼굴을 때리고, 이를 말리던 상대방 3의 얼굴을 때리고, 상대방 4의 턱을 팔꿈치로 때리고, 상대방들이 쓰고 있던 안경을 손괴하고, 도로변에 주차되어 있던 상대방 2의 차량을 플라스틱 의자로 내리쳐 손괴하였다는 이유로 현장주변에서 피고인을 「폭력행위 등 처벌에 관한 법률」위반으로 현행범 체포하였다고 되어있습니다.

나. 체포·신체확인서(○○○○. ○○. ○○.)에 따르면, 피고인의 후배는 도주하고 피고인은 ○○○○. ○○. ○○. 01:45경 전주 ○○경찰서 소속 유치장에 입감되었다. 피의자입감지휘서(○○

○○. ○○. ○○.)에 따르면, 피고인에 대한 주의사항(사고위험성, 질병유무 등)에 '사고위험 없음'으로 기록되어 있고, 입감의뢰자 의견에도 사고위험성 등에 관해 '보통'이라고 기록되어 있습니다. '유치인보호관 근무일지'에 따르면, 피고인이 입감된 후 약 8시간 후인 09:20경 경찰조사를 위해 출감될 때까지 '특이사항 없음'으로 기록되어 있습니다.

다, 범죄인지보고(○○○○. ○○. ○○.)에 따르면, 경사 ○○○는 피고인에 대해 「폭력행위 등 처벌에 관한 법률」 위반 및 손괴 혐의로 범죄인지하였습니다.

라, 피해자의 진술조서(○○○○. ○○. ○○. 07:58~10:50)에 따르면, "피고인의 후배가 상대방 2의 등을 찍어서 피해자들이 피고인의 후배를 말려 싸움이 끝났는데, 피고인의 후배가 다시 상대방 2의 의자를 발로 걷어차 상대방 2를 넘어뜨려 상대방 2가 피고인의 후배에게 다가가며 '왜 그러냐?'라고 하자, 피고인의 후배가 뒷걸음치다 턱에 걸려 넘어지는 것을 옆에서 보고 있던 피고인이 상대방 1의 멱살을 잡고 얼굴을 때리고 이를 말리던 상대방 3의 안경을 찌그러뜨려 바닥에 던지고, 상대방 4의 왼쪽 턱을 팔꿈치로 때리고, 상대방 2의 얼굴을 때리고 안경을 잡아서 바닥에 던지고, 플라스틱 의자를 상대방 2의 차량을 향해 던지고, 다시 상대방 4의 멱살을 잡아당기고 옷을 찢었다."라고 진술하였습니다.

마, 피고인은 피의자신문조서(○○○○. ○○. ○○. 09:52)에 따르면, "피고인은 당시 후배를 만나 소주 3병 정도를 마시고 필름이 끊겨서 후배와 시비가 있었다는 것만 어렴풋이 기억나고 사람 얼굴이나 경찰서에 온 것도 기억나지 않으므로 잘못이 전혀 없고 폭행을 한 사실이 없다고 진술하였습니다.

바, 피고인은 혼자였고 피해자의 일행은 4명이고 피고인은 만취 상태에서 4명을 상대로 폭행을 하였다는 것은 쉽게 납득이 되지 않고 식당 할머니에게 상황설명을 요청하니 할머니가 피고인이 젊은 친구들 4명으로부터 몰래 구타당하는 것을 보고 잘못하면 사람을 잡겠구나 싶어 112에 신고하였고, 영업에 지장이 있을 것 같아 증인으로 출석하여 진술할 수는 없고, 또 다른 목격자가 있는데 그 목격자는 진술해 줄 것이라고 하였다고 기재되어 있을 뿐 그 어디에도 피고인이 피해자를 폭행하였다는 증거는 없습니다.

사, 식당을 운영하는 목격자(이하 '목격자 1'이라 한다) 및 식당 종업원인 목격자의 '진술조서'(○○○○. ○○. ○○.)에 따르면, "오히려 피해자 일행이 피고인에게 시비를 걸었고, 피해자 일행들이 피해자를 때리고 다른 사람들은 이를 말리던 중 경찰관들이 출동하였다."라고 진술하고 있습니다.

실제 싸움을 한 다른 일행을 입건하지 않은 이유에 따르면, 경사 ○○○는 "상대방 2가 피고인의 지인을 때렸다는 진술이 있어 상대방 2를 입건하고 다른 피해자들은 이를 말렸다고 하여 입건하지 않았다."라고 수사보고하였습니다. 또 다른 피해자 일행은 피고인이 상대방들을 돌아가면서 때려서 피고인을 잡고 같이 넘어진 것이 전부다.”라고 진술하고 있습니다.

아, 피고인은 ○○○○. ○○. ○○. 이 사건과 관련한 형사조정에서 상대방들이 4명이나 달려들어 술을 많이 먹은 피고인을 폭행하였는데 가해자가 아닌 피해자로 되어 있다며 상대방들에 대해 ○○지방검찰청 ○○지청에 고소장을 제출(이하‘피고인의 고소사건’이라 한다)하였습니다.

고소사건의 수사보고(112신고자, 박◇◇ 상대 수사)에 따르면, “신고자는 ○○○○. ○○. ○○. 식당 옆 다른 식당에 있었는데, 식당에서 젊은 남자들이 피고인인을 때리고, 술에 취한 피고인의 다리를 걸어 넘어뜨리고, 안 때리는 것처럼 하면서 주먹과 발로 때리고, 피고인을 일방적으로 때려 112신고했다.”라고 진술하였다고 되어 있습니다.

수사보고(112신고자, 이○○ 상대 수사)에 따르면,“신고자는 ○○○○. ○○. ○○. 식당에서 젊은 남자들이 피고인을 끌고 다니면서 슬리퍼로 피고인의 얼굴을 때리고, 발로 때리는 것 같기도 하였으며, 특히 한 사람이 많이 때린 것 같다.”라고 진술하였다고 되어 있습니다.

자, 소결

주변의 목격자나 112범죄 신고를 한 증인들의 진술에 의하면 피고인이 피해자의 일행으로부터 일방적으로 폭행을 당한 것으로 진술하고 있고, 피고인은 당시 만취상태에서 상대방인 피해자의 일행은 무려 4명이나 되는데 피고인이 4명을 상대로 폭력을 행사할 수 없었습니다.

4. 결론

이 사건 공소사실은 합리적인 의심을 넘어 수사가 제대로 이루어지지 않아 입증이 전혀 되지 않았음에도 불구하고 원심은 사실관계를 오인하여 부당한 판결을 하였는바, 이상과 같은 항소이유를 참작하시어 제1심 판결을 취소한 후 피고인에게 무죄의 판결을 내려주실 것을 부탁드립니다.

소명자료 및 첨부서류

1. 증 제7호증   진술서
1. 증 제8호증   목격자진술서
1. 증 제9호증   수사기록

○○○○ 년 ○○ 월 ○○ 일

위 항소인(피고인) : ○ ○ ○   (인)

전주지방법원 형사항소○부 귀중

항 소 이 유 서

사 건 번 호 : ○○○○노○○○○호   횡령

피고인(항소인) :   ○   ○   ○

○○○○ 년 ○○ 월 ○○ 일

위 피고인(항소인) : ○   ○   ○   (인)

수원지방법원 제1형사부(항소) 귀중

항 소 이 유 서

1.항소인(피고인)

성 명	○ ○ ○	주민등록번호	생략
주 소	수원시 ○○구 ○○로 ○○길 ○○,(○○동)		
직 업	개인사업	사무실 주 소	생략
전 화	(휴대폰) 010 – 2969 – 0000		
사건번호	전심사건 수원지방법원 ○○○○고단○○○○호 횡령		

위 피고인(항소인)은 수원지방법원 ○○○○노○○○○호 횡령 항소사건에 대하여 다음과 같이 항소이유를 개진합니다.

- 다 음 -

1. 사건의 개요

원심에서는 피고인에게 판시 범죄 사실을 모두 인정하고, 징역 8월에 집행유예 2년을 선고하였는바, 그 범죄사실의 요지는 다음과 같습니다.

피고인은 주식회사 ○○이엔의 대표자로 ○○○○. ○○. ○○.피해자 롯데캐피탈 주식회사와 BMW 740dxDrive(○○보○○○○호) 차량을 36개월간 매월 3,773,300원을 납입하는 조건으로 자동차 리스계약을 체결하고 위 차량을 인도받아 경기도 ○○시 ○○로 ○○에 있는 주식회사 ○○이엔에서 피해회사를 위하여 위 차량을 보관하던 중, ○○○로부터 5,000만원을 차용하면서 ○○○에게 위 차량을 임의로 담보로 제공하여 이를 횡령한 혐의가 인정되어 징역 8월에 집행유예 2년을 선고한다는데 있습니다.

그러나 피고인은, 피해회사가 어려워서 임시방편으로 자금을 융통하여 일시 피해회사를 위하여 사용한 것은 사실이나 피고인으로서는 차량의 소유가 리스회사로 되어 있기 때문에 담보제공 등이 불가능하여 피해회사를 위한 자금을 사용하는 것으로 별 문제가 안 되는 줄만 알았던 것이지 처음부터 불법영득의 의사를 가지고 범행에 이른 것은 아닙니다.

2. 피고인의 양형에 관한 사정

가, 피고인의 착각

본건 범죄사실 자체에 의하더라도 피고인은 차량의 소유가 리스회사명의로 되어 있어 회사를 위하여 일시적으로 자금을 융통하여 사용하고 갚으면 된다는 착각에 의한 것이고 또 회사에서 변제할 때까지 리스요금을 내면 별 문제가 없을 것으로 생각한 것입니다.

나, 회사를 위한 사정

본건 판시사실에 의할 때 피고인이 횡령한 것은 개인적으로 구복을 채우기 위한 것이 아니라 순전히 회사가 어려워서 할 수 없이 회사를 위하여 일시적으로 자금을 융통한 사정이 있습니다.

피고인의 범행은 피고인 개인을 위한 사전에 계획된 것이 아니고 회사가 어려움에 처해 있었기 때문에 어쩔 수 없이 회사에서 리스요금을 납부하는 사정이었음이 뒷받침되고 있습니다.

다, 의도적이 아닙니다.

피해회사는 피고인이 처음부터 피해회사의 리스차량을 담보제공하고 불법영득의 의사로 횡령할 의도를 가지고 본건 범행에 이르렀다는 취지로 수사기관에서 진술하였으나, 이것은 결코 사실이 아닙니다.

피고인이 만약 피해회사에 대하여 처음부터 리스차량을 담보제공하고 횡령하려는 의도를 갖고 있었던 것이 사실이라면, 피고인이 회사로부터 리스요금을 납부하지 않았을 리 없었으며 당시만 해도 회사는 상당히 어려웠습니다.

누가 봐도 뉘앙스를 품기는 것은 맞습니다.
그러나 결코 의도적은 아니었습니다.

다 회사를 위한 일이고 회사를 위해서 사용한 것입니다.

피고인은 이를 후회하고 있습니다.
이는 피고인이 회사를 위한 것이기 때문에 별 문제가 없을 것
으로 오해하였다는 피고인의 입장에 힘을 실어줍니다.

라, 본건 이후 피고인의 진지한 반성

피고인은 사건 발생 직후 피해회사에게 자신의 잘못을 인정하
면서 계속 용서를 구하였고, 항소심 재판에서 다시 그 혐의를
일체 시인하고 있습니다.

피고인은 본건을 계기로 자신을 돌아보면서 다시는 이와 비슷
한 일을 반복하지 않을 것을 맹세하고 있고, 본건 이후로 그
언행이나 모든 행동에 극히 조심을 기하고 있습니다.

마, 피고인의 과거 형사처벌 전력

피고인은 과거 일체의 범죄전력이 없습니다.
피고인은 이 사건 이전에 성실히 생활하여 왔고, 건실한 사회
인으로 지내 왔습니다.

바, 피해자회사와의 합의

본건 범행은 피고인이 회사를 위하여 순간적으로 잘못된 생각으

로 일어난 일지만 당장 피해자회사에 돈을 갔다 갚고 문제를 해결하려고 했으나 회사도 회사이지만 피고인으로서도 그 많은 돈을 변제할 여력이 되지 못해 피고인이 사방팔방으로 돈을 빌려 항소 외 ○○○에게 모두 변제하고, 이 사건 리스차량을 인도받아 리스회사에게 이 사건 차량을 인도하고 연체된 리스요금을 포함한 일체의 피해금을 모두 변제하여 고소취하서를 비롯하여 리스차량인도증서를 ○○○○. ○○. ○○.교부받아 원심판결이 있는 ○○○○. ○○. ○○. 하루 전에 제출하였습니다.

너무 늦게 제출하여 죄송합니다.

급박하게 고소취하서 및 차량인도증명서를 판결선고가 있은 당일에도 피고인은 원심 재판부로 하여금 어제 고소취하서 및 차량인도증명서를 제출하였으므로 판결의 선고연기를 말씀드렸으나 바로 판결을 선고하고 말았습니다.

피고인으로서는 잘못을 저지를 것은 잘못이지만 그 많은 금액을 어렵게 마련하고 합의를 한 것도 모두 피해복구를 한 연후에 법이 허용하는 범위 내에서 선처를 호소하기 위함에 있었는데 피고인 생각으로는 합의서가 양형에 전혀 반영되지 않았다는 생각을 떨칠 수가 없어서 항소를 하게 된 이유 중에 하나입니다.

사, 가족에 대한 봉양

피고인은 처와 1남 1녀의 자녀들을 부양해야 합니다.

피해회사에게 피고인은 일개 가해자에 불과하겠지만, 피고인은 그 가정에서 온 가족을 부양하고 있는 효심 있는 사람으로서, 다른 가족들과도 유대관계가 돈독합니다.

아, 피고인의 지역사회에 대한 공헌

피고인은 ○○○○년 ○○대학교 전자공학과를 졸업하고 졸업과 동시에 학군장교로 임관하여 중위로 ○○○○년 제대하였습니다.

피고인은 ○○○○년 장교로서 군복무 중, 보병 제○○사단장 육군 소장 임복진 장군으로부터 표창장을 수여받기도 하였습니다.

3. 원심의 양형에 관한 부당

피고인에 대한 특별양형인자 중 감경요소로는
① 범행이 현저히 약한 경우
② 회사를 위한 범행인 경우
③ 합의 및 고소취하를 들 수 있고 가중요소는 존재하지 않습니다.

그리고 일반양형인자 중 감경요소로는 진지한 반성, 형사 처벌 전력이 없음을 들 수 있고, 가중요소 또한 없습니다.
따라서 특별감경요소만 3개가 존재하는 본건에 있어서는 일반횡령죄의 특별감경영역에 해당하여 징역형을 선택할 경우에는 그 형량 권고 범위가 5년 이하의 징역이라 할 것입니다.

그런데 본건의 범행의 정도가 현저히 약하다 할 것이고, 현재까지의 재판실무상 본건과 유사한 수위의 동종 사안에서 그 형 종을 벌금형으로 선택하여 온 것에 비추어 피고인에게도 원심을 취소하여 그 형 종으로 벌금형으로 선택하여 주실 것을 간곡히 호소합니다.

또한 피고인이 피해자와 원만히 합의하여 피해자가 피고인에 대한 최대한의 선처를 호소하고 고소취하서 또한 제출되어 있으므로 범죄경력이 전혀 없는 피고인이 앞으로 사회생활을 영위함에 있어 상당히 무거운 족쇄로 작용할 것이 너무나도 자명합니다 .

한 순간의 잘못된 생각으로 회사를 위하여 실수를 행한 피고인에게 다시 한 번의 기회를 주신다는 의미에서 이번에 한하여 원심 판결을 취소하여 법이 허용하는 범위 내에서 피고인이 사회생활 하는데 지장이 없는 선처를 허락하여 주실 것을 아울러 간곡히 호소합니다.

4. 결론

피고인은 존경하는 우리 재판장님께서 이상의 사정을 종합하여 원심판결을 취소하여 피고인에게 법이 허용하는 범위 내에서 최대한의 선처와 관용을 베풀어 주실 것을 간곡히 요청 드립니다.

소명자료 및 첨부서류

1. 증제1호증   고소취하서
1. 증제2호증   차량인도확인서

○○○○ 년 ○○ 월 ○○ 일

위 항소인(피고인) : ○   ○   ○   (인)

수원지방법원 제1형사부(항소) 귀중

항 소 이 유 서

사 건 번 호 : ○○○○고단○○○○호   강제추행치상 등

피고인(항소인) : ○   ○   ○

○○○○ 년 ○○ 월 ○○ 일

위 피고인(항소인) : ○   ○   ○   (인)

광주지방법원 해남지원 형사항소○부 귀중

항 소 이 유 서

1. 항소인(피고인)

성 명	○ ○ ○	주민등록번호	생략
주 소	전라남도 해남군 해남읍 ○○로 ○○, ○○-○○○호		
직 업	어업	사무실 주 소	생략
전 화	(휴대폰) 010 - 3456 - 0000		
사건번호	○○○○형제○○○○호 강제추행치상 등		

귀원에 재판 계속 중인 피고인에 대한 강제추행지상 등 피고사건에 관하여 피고인(항소인)은 다음과 같이 항소이유를 개진하오니 원심판결을 취소하여 무죄를 선고하여 주시기 바랍니다.

- 다   음 -

1. 판시사실

   가, 원심은 피고인(항소인)에 대한 공소사실을 모두 유죄로 인정하면서 피고인에 대하여 징역1년에 집행유예 2년에 처한다는 판결을 선고하였는바, 이는 다음에서 보는 여러 사실관계를 종합하면 피고인에게는 혐의가 없으므로 피고인에게 무죄를 선고해 주시기 바랍니다.

나. 이 사건 공소사실에 의하면,

피고인은 ○○○○. ○○. ○○. 09:20경 전라남도 해남군 완도읍 ○○로에 있는 피고인의 어머니인 ○○○의 집 앞에서, 옆집에 거주하는 피해자 ○○○(여, 54세, 이하'피해자'라고 합니다)과 담장 설치공사 문제로 시비하다가 피해자의 담장 설치공사 방해 행위를 제지할 목적으로 피고인의 손으로 피해자의 오른팔을 잡아 비틀고, 발뒤꿈치로 피해자의 왼쪽 발등을 밟아 피해자에게 약 14일간의 치료가 필요한 발 및 아래팔 부분의 타박상 등을 가하고, 피고인은 위 일시, 장소에서 같은 이유로 양손으로 피해자의 젖가슴 부위를 주물러 피해자를 추행하고, 이로 인하여 피해자에게 약 14일간의 치료가 필요한 흉곽 전벽의 타박상 등을 입게 하였다는데 있습니다.

2. 피고인의 항소요지

가. 피고인이 피해자와 실랑이를 하는 과정에서 피해자의 왼쪽 발등과 오른팔에 상처가 났을 수 있으나 피고인에게는 상해를 가하려는 의도가 없었고 위 상처는 자연치유 될 수 있는 경미한 것입니다.

피고인은 피해자의 공사방해 행위를 저지하고 지주 대를 빼앗기 위하여 위 행위를 하였으므로 이는 정당방위에 해당합니다.

나. 피고인이 피해자와 실랑이를 하던 중 피해자의 가슴 부분에 접촉

이 있었을 수는 있으나, 피고인에게는 강제추행을 하려는 전혀 의도가 없었습니다.

3. 사실오인

가, 피해자는 전라남도 해남군 완도읍 ○○로 대 ○○○.○○㎡를 소유하면서 주차장 부지로 사용하고 있고, 피고인의 어머니인 ○○○은 위 같은 ○○로 ○○, 인접한 대 ○○○.○○○㎡를 소유하면서(다만 ○○○○. ○○. ○○. 피고인의 아들인 ○○○ 앞으로 증여를 원인으로 한 소유권이전등기를 경료 하였습니다) 그 지상 가옥에서 거주하고 있습니다. 대한지적공사가 ○○○○. ○○. ○○. 대지에 대한 경계복원측량을 한 결과 피해자 측 토지에 속한 것으로 알았던 흙담장이 피고인 측 토지에 속하는 것으로 밝혀진 후 피해자는 측량 결과를 불신하며 소유권을 주장하는 등 피해자와 피고인 측 사이에 지적선과 관련한 갈등이 있었습니다.

나, 피고인은 ○○○○. ○○. ○○. 07:00부터 위 ○○로 ○○○,에서 기존 흙 담장을 헐고 콘크리트담장을 새로 설치하는 공사를 진행하게 되었습니다.

피해자는 당일 07:00경, 08:00경, 09:00경 세 차례에 걸쳐 담장을 경계에서 안쪽으로 50cm 띄워서 쌓을 것을 요구하면서 위 공사를 계속해서 방해하였습니다.

다, 피해자는 ○○○○. ○○. ○○. 09:20경 고추모종 지주 대(길이

90cm, 직경 1.3cm의 알루미늄 막대)를 들고 와서 이제 막 공사가 끝난 콘크리트 기초공사를 휘저어 콘크리트 안에 설치하여 놓은 철망을 파헤쳤습니다.

피고인이 하지 말라고 소리를 쳤으나 피해자가 이를 무시하자, 피고인은 피해자가 오른손으로 들고 있던 지주 대를 빼앗으려고 하였고 피해자가 오른손에 있던 지주 대를 왼팔로 옮겨 높이 올리자, 피고인은 왼손으로 피해자의 오른팔을 잡고 오른손으로 피해자의 왼팔을 잡은 채 지주 대를 빼앗아 지주 대를 바닥에 던졌던 것입니다.

그러자 피해자는 바닥에 주저앉아 울면서"저 놈이 나를 발로 밟고 밀치고 가슴을 주물렀다."고 소리를 고래고래 질렀습니다.

라, 피해자는 ○○○○. ○○. ○○. 11:20경 ○○군청 군수 비서실을 찾아가 현장민원처리 반에 근무하는 ○○○에게 피고인이 자신을 밀치고, 밟고, 가슴을 주물렀다고 하며 경찰을 불러줄 것을 요구하였고 ○○○이 ○○경찰서에 출동 요청을 하자 출동한 경찰은 구급차를 불러 피해자를 ○○의료원으로 후송하였던 것입니다.

마, 피해자는 ○○○○. ○○. ○○. ○○의료원에서 2주간 치료를 요하는 상세불명 발 부분의 타박상, 흉곽 전벽의 타박상, 경추의 염좌 및 긴장, 둔부 부위의 염좌 및 긴장, 상세불명의 아래팔 부분의 타박상을 진단받았고, 이 날부터 ○○○○. ○○. ○○.까지 14일 동안 입원치료를 받았으며, ○○○○. ○○. ○○.부터 세

차례에 걸쳐 통원치료를 받았고, 피해자가 ○○○○. ○○. ○○. 수사기관에 제출한 사진에는 피해자의 왼쪽 발등, 오른팔 부분에 검붉은 멍 자국이, 양 가슴에는 붉은 멍 자국이 촬영되어 있다고 수사기록에 기재되어 있습니다.

바, 피해자는 ○○○○. ○○. ○○. 피고인을 상해 및 강제추행으로 고소하였고, 피고인은 피해자를 폭행, 업무방해, 명예훼손, 무고로 고소하였는데 피해자와 피고인은 ○○○○. ○○. ○○. 상호 합의하였습니다. ○○경찰은 ○○○○. ○○. ○○. 피고인의 폭행 혐의만을 인정하여 피해자가 처벌을 원하지 아니한다는 의사표시를 하였음을 이유로 공소권 없음 의견, 강제추행 혐의에 대하여는 고의를 인정할 증거가 없어 혐의 없음 의견으로 검찰에 각 송치하였으나, 검찰에서는 피고인으로 인하여 피해자가 상해를 입은 사실을 인정하여 폭행에서 상해로, 강제추행에서 강제추행치상으로 죄명을 변경하여 ○○○○. ○○. ○○. 위 각 범죄에 대하여 기소하였고 원심판결에서도 피고인에 혐의를 모두 인정하고 피고인에게 징역 10월에 2년간의 집행을 유예한다는 부당한 판결을 내렸습니다.

사, 한편 피해자는 ○○○○. ○○. ○○. 명예훼손, 폭행에 대하여는 피고인이 처벌을 원하지 아니한다는 의사표시를 하였음을 이유로 각 공소권 없음 처분을, 업무방해, 무고에 대하여는 각 증거불충분으로 인한 혐의 없음 처분을 각 받았습니다.(○○지방검찰청 ○○지청 ○○○○형제○○○○호 참조)

4. 심리미진

가. 이 사건의 쟁점은 상해죄와 관련하여 ① 피고인이 피해자에게 상해를 가한 사실이 인정되는지, ② 인정되는 경우 정당방위에 해당하여 위법성이 조각될 수 있는지 여부이고, 강제추행치상죄와 관련하여 ① 강제추행부분에 대하여 피고인에게 고의가 인정되는지, ② 치상부분에 대하여 정당방위에 해당하여 위법성이 조각될 수 있는지 여부입니다.

다. 상해죄에 대한 오인판단

(1) 상해를 가한 사실인정 되는지 여부

피고인, 피해자, 목격자들은 피고인과 피해자 사이에 실랑이가 있었다는 사실을 일관되게 인정하고 있습니다. 피해자는 왼쪽 발등을 밟히고 오른팔을 비틀렸다는 점을 일관되게 진술하고 있으며(수사기록 제3면, 제8면), 피고인 역시 피해자의 발등과 팔뚝 부위에 생긴 멍은 피고인이 피해자로부터 지주대를 빼앗는 과정에서 발생한 것일 수 있다고 일부 자백하고 있습니다(수사기록 제30~31면, 제215~219면). 위 진술들에 더하여, 피해자가 사건 발생 당일 ○○의료원에 내원하여 상해진단서를 발급받고(수사기록 제5면), 사건 당일부터 2주 동안 입원치료 및 이후 통원치료를 받은 점(수사기록 제159~160면, 제203~211면), 피해자가 피고인이 유형력을 행사하였다고 진술한 부위와 상해진단서상 상해를 입은 부위가 일치하는 점 등을 종합하여 보면, 피고인에게 상해의 피의사실을 인정한 것이 합리성을 현저히 결여하여 부당하다고 보기는 어렵다고 주장하고 있습니다.

(2) 정당방위에 해당여부

형법 제21조 제1항은 자기 또는 타인의 법익에 대한 현재의 부당한 침해를 방위하기 위한 행위는 상당한 이유가 있는 때에는 벌하지 아니한다고 규정하고 있습니다. 정당방위가 성립하려면 침해행위에 의하여 침해되는 법익의 종류, 정도, 침해의 방법, 침해행위의 완급과 방위행위에 의하여 침해될 법익의 종류, 정도 등 일체의 구체적 사정들을 참작하여 방위행위가 사회적으로 상당한 것이어야 한다.(대법원 1992. 12. 22. 선고 92도2540 판결; 대법원 2007. 3. 29. 선고 2006도9307 판결 참조).

앞서 본 바와 같이 피해자가 콘크리트담장 공사 현장을 방해하기 위하여 지주 대를 들고 와서 이제 막 공사가 끝난 콘크리트 기초공사를 휘저어 콘크리트 안에 설치하여 놓은 철망을 파헤치자, 피고인은 하지 말라고 소리를 쳤음에도 피해자는 위 행위를 계속하였으므로, 피고인 측 토지 및 콘크리트담장에 대한 현재의 부당한 침해가 존재합니다.

나아가 상당성이 인정되는지 여부에 관하여 살피건대, 기록에 의하면 피고인은 피해자가 오른손으로 들고 있던 지주 대를 빼앗으려고 하였고 피해자가 오른손에 있던 지주 대를 왼팔로 옮겨 높이 올리자, 피고인은 왼손으로 피해자의 오른팔을 잡고 오른손으로 피해자의 왼팔을 잡은 채 지주 대를 빼앗아 지주 대를 바닥에 던진 사실, 이처럼 피고인은 지주 대를 빼앗기 위하여 30초 정도 피해자와 실랑이를 하였고 위 실랑이를 하는 과정에서 피고인 역시 2주의 치료를 요하는 좌측 전완부의 피멍 및 타박상, 양측 하지 타박상, 양측 흉부 타박상을 입은 사실(수사기록 제77면), 파고인의 키는 166cm이고 피해자의 키는 170cm인데 피고인이 피해자가 팔로 높이 올린 지주 대를 빼앗기 위해서는 다소간의 신체적 접촉이 불가피했던 사실, 청구인이 지주 대를 빼앗아 바닥에 던진 후에는 일체의 신체적 접촉이 없었던 사실이 인정되는바, 위와 같은 침해행위와 방어행위의 동기, 방법, 정도, 침해된 법익의 종류 및 정도 등을 참작하여 보면, 피고인이 피해자의 오른팔과 왼쪽 발등에 상처를 입힌 행위는 지주 대를 빼앗아 피해자의 공사 방해 행위를 저지하기 위한 과정에서 일어난 일로서 사회적으로 상당한 것으로 봄이 상당합니다.

이상을 종합하여 보면, 피고인의 위 상해행위는 형법 제21조 소정의 정당방위로서 그 위법성이 조각되어야 합니다.

(3) 소결

원심에서는 피고인의 위 행위가 피해자의 부당한 공사방해 행위를 저지하기 위한 정당방위로서 형법 제21조에 의하여 위법성이 조각되는 것은 아닌지 살펴보았어야 함에도, 곧바로 피고인에게 상해의 혐의를 유죄로 인정하고 말았습니다.

결국 상해의 점에 관하여 중대한 심리미진 및 법리오해의 잘못이 있었다고 볼 수밖에 없고, 그로 인하여 피고인에게 유죄를 선고한 것이므로 원심판결을 취소하여야 할 것입니다.

라. 강제추행치상죄

(1) 강제추행의 고의인정 여부

(가) 판단기준

추행이란 객관적으로 일반인에게 성적 수치심이나 혐오감을 일으키게 하고 선량한 성적 도덕관념에 반하는 행위로서 피해자의 성적 자유를 침해하는 것이고, 이에 해당하는지는 피해자의 의사, 성별, 연령, 행위자와 피해자의 이전부터의 관계, 행위에 이르게 된 경위, 구체적 행위태양, 주위의 객관적 상황과 그 시대의 도덕관념 등을 종합적으로 고려하여 신중히 결정되어야 한다(대법원 2013. 9. 26. 선고 2013도5856 판결 참조).

(나) 오인판단

피고인에게 강제추행의 고의가 있었음을 뒷받침할 만한

자료로는 피해자의 수사기관에서의 진술, 피해자 작성 고소장, 사법경찰관 작성 수사보고, 거짓말탐지기 결과가 있습니다.

그런데 피고인에게 고의가 있었는지에 관하여 피해자는 고소장 및 최초 경찰 조사에서는 피고인의 행위로 성적 수치심을 느꼈다고 하다가(수사기록 제3면, 제8면), ○○○○. ○○. ○○. 피고인과의 사이에 합의가 이루어지자 추행의 의사가 아니라 멸시의 의사가 문제였다고 하며 기존의 진술을 번복하는(수사기록 제182면) 등 진술에 일관성이 결여되어 있습니다. 이는 피고인과 목격자들이 실랑이 과정에서 신체접촉의 가능성은 있으나, 피고인이 양손으로 피해자의 가슴을 만진 적은 없다고 일관되게 주장하는 것과 대조적입니다.

사법경찰관 작성 수사보고 역시 피해자의 주장을 옮겨 적은 것으로서 이것만으로 피고인의 피의사실을 인정하기는 어려움이 있는 것도 사실입니다.

그리고 ○○○○. ○○. ○○. 거짓말탐지기 검사 결과 피해자의 가슴을 만지지 않았다는 피고인의 답변이 거짓반응이라고 판정되었으나(수사기록 제166~168면), 거짓말탐지기 검사 결과는 증거능력이 있는 경우에도 검사를 받는 사람의 진술의 신빙성을 가늠하는 정황증거로서의 기능을 다하는 데에 그치는 것이므로(대법원 1984. 2. 14.

선고 83도3146 판결 참조), 설사 거짓말탐지기 검사 결과 피고인의 진술에 의심이 든다 할지라도, 피고인의 피의사실을 뒷받침하는 다른 증거들이 믿기 어렵다면 위 검사 결과만으로 피의사실을 인정할 수 없다할 것입니다.

더욱이 위 거짓말탐지기 검사에서의 질문은 피고인이 피해자의 가슴을 만졌냐는'행위'에 관한 것이고, 그를 통해 피고인이 피해자를 추행하려는'고의'가 있었는지에 관한 것은 아니므로 이로써 피고인의 고의를 인정하기에는 턱없이 부족합니다.

위와 같이 강제추행의 고의가 있음을 인정할 만한 자료는 부족한 반면, 기록에 의하여 인정되는 다음과 같은 사정들, 즉 피고인과 피해자 사이에 전라남도 해남군 완도읍 ○○로 ○○, 지적선과 관련된 분쟁이 6개월가량 지속되면서 피해자는 피고인과 ○○○에게 불만을 품어온 점, 사건 당일 콘크리트담장 공사 현장에는 피해자와 피고인 외에도 ○○○, 담장 설치공사 인부 2명이 있었던 점, 피해자가 지주 대를 들고 와서 이제 막 공사가 끝난 부분을 휘젓는 등 공사를 방해하자 피고인이 이를 제지하며 지주 대를 빼앗기 위하여 우발적으로 피해자와 실랑이를 하게 된 점, 피고인이 지주 대를 빼앗아 땅에 던지자 그제야 피해자가 바닥에 주저앉아 울면서 피고인이 가슴을 만졌다고 소리친 점 등 행위자와 피해자의 연령, 이전부터의 관계, 행위에 이르게 된 경위, 구체적 행위태양, 주위의 객관적 상황 등을 종합적으로 고려하여 보면, 피고인에게 주관적으로 피해자에게 성적 수치심이나 혐오감을 야기할 만한 행위를 행한다는 인식, 즉 강제추행의 고의를 인정할 수 없습니다.

(2) 치상부분이 정당방위에 해당여부

상해죄에 대한 부분에서 살펴본 바와 같이, 피고인이 피해자에게 흉곽 전벽의 타박상을 입게 하였다고 하더라도, 이러한 행위는 피해자의 부당한 공사방해 행위를 저지하기 위한 정당방위로서 형법 제21조 제1항에 의하여 그 위법성이 조각됩니다.

(3) 소결

원심에서는 피고인에게 강제추행의 고의가 인정되는지, 나아가 치상이 정당방위로서 형법 제21조에 의하여 위법성이 조각되는 것은 아닌지 살펴보았어야 함에도, 이에 나아가지 아니하고 곧바로 피고인에게 강제추행치상의 혐의를 인정하고 말았습니다.

결국 원심에서는 피고인에 대하여 강제추행치상의 중대한 수사미진 및 법리오해의 잘못이 있었다고 볼 수밖에 없습니다.

5. 결론

이상과 같은 이유로 원심판결은 부당하므로 취소되어 피고인에게 무죄를 선고하여야 할 것입니다.

소명자료 및 첨부서류

1. 증 제4호증   경계측량성과도면

1. 증 제5호증   담장공사 사진

○○○○ 년 ○○ 월 ○○ 일

위 피고인(항소인) : ○ ○ ○ (인)

광주지방법원 해남지원 형사항소○부 귀중

항 소 이 유 서

사 건 번 호 : ○○○○고단○○○○호   강제추행치상 등

피고인(항소인) : ○   ○   ○

○○○○ 년 ○○ 월 ○○ 일

위 피고인(항소인) : ○   ○   ○   (인)

창원지방법원   밀양지원 형사항소○부 귀중

항 소 이 유 서

1.항소인(피고인)

성 명	○ ○ ○	주민등록번호	생략
주 소	경상남도 밀양시 ○○로 ○○길 ○○, ○○○호		
직 업	상업	사무실 주 소	생략
전 화	(휴대폰) 010 - 1290 - 0000		
사건번호	○○○○형제○○○○호 교통사고처리특례법위반 등		

귀원에 재판 계속 중인 피고인에 대한 교통사고처리특례법위반 및 도로교통법위반피고사건에 관하여 피고인(항소인)은 다음과 같이 항소이유를 개진합니다.

- 다 음 -

1. 판시사실

　가, 원심은 피고인(항소인)에 대한 공소사실을 모두 유죄로 인정하면서 피고인에 대하여 징역6년에 집행유예 2년에 처한다는 판결을 선고하였는바, 이는 다음에서 보는 여러 사실관계를 종합하면 원심판결은 부당하다 할 것입니다.

나, 이 사건 공소사실에 의하면,

피고인은 ○○○○. ○○. ○○. ○○자○○○○호 차량을 이용하여 경상남도 밀양시 ○○로 ○○, 지나던 중, 전방 주시의무를 소홀히 하여 피고인 운전 차량의 뒤 펜더부분으로 피해자 ○○○이 운전하는 차량의 앞 펜더 부분을 충격하여, 피해자에게 6주간의 치료가 필요한 상해를 입게 함과 동시에 수리비 13,944,654원이 들도록 손괴하였다.

피고인은, 이 사건 사고 발생에 아무런 과실이 없는데도, 피고인에게 ○○톨게이트를 지나 진로를 변경하는 과정에서 피해자가 운전하는 차량을 미쳐보지 못하고 사고를 낸 과실이 인정된다는데 있습니다.

2. 사실관계

이 사건 사고는 피해자 ○○○(이하 '피해자'라고만 줄여 쓰겠습니다)이 술에 취한 상태에서 승용차를 과속으로 운전하면서 전방주시의무 등을 위반하여 이미 ○○톨게이트 7차로를 통과하여 ○○고속화도로 본선 2차로까지 차선변경을 마치고 정상적으로 앞서 주행하고 있던 피고인의 차량 뒷부분을 들이받은 추돌사고로서, 피해자의 일방적인 과실로 인하여 발생한 것이고, 피고인에게는 아무런 과실이 없습니다.

3. 이 사건의 실체

(1) ○○고속화도로로 진입하는 통로의 하나인 밀양시 ○○로 ○○톨게이

트에는 ○개의 진입 차로가 설치되어 있는데, 진입 방향 왼쪽부터 1, 2차로는 하이패스(hi-pass) 전용 차로이고, 나머지 3~8차로는 일반 차로입니다.

이 사건 사고 당일 하이패스 전용 1, 2차로와 일반 차로인 7, 8차로만 차량에 통과할 수 있도록 열려 있었고, 나머지 3~6차로는 폐쇄되어 있었습니다. ○○톨게이트를 통과하면 8차선 정도의 넓은 도로 폭이 중앙분리대 쪽으로 점차 줄어든 다음 편도 3차선의 위 고속화도로 본선과 연결되게 됩니다. 그리고 ○○톨게이트 출구와 위 고속화도로 본선 합류 시작 지점까지 사이에는 4개 가로등이 설치되어 있어서 이 사건 사고 장소 주변은 늦은 밤에도 상당히 밝은 상태입니다.

(2) 피고인은 ○○○○. ○○. ○○. ○○자○○○○호 승합차를 운전하여 김해시 쪽에서 밀양신도시 쪽으로 진행하던 중 ○○고속화도로를 따라 운행하기 위하여 같은 날 01:15:09경 시속 약 60~70㎞로 위 ○○톨게이트의 7차로를 진입한 후 통과하였습니다.(수사기록 156, 157쪽 참조).

(3) 피해자는 혈중알콜농도 0.141%의 주취상태로 같은 날 01:10경 ○○노○○ ○○호 승용차를 운전하여 밀양시 ○○로 ○○, ○○고속도로 밀양방향 2㎞ 지점을 진행하다가 ○○○운전의 승용차와 ○○○운전의 승용차를 차례로 들이받아 손괴하는 교통사고를 내고서도 아무런 구호조치를 취하지 아니한 채 빠른 속도로 도주하기 시작하였고, 그러자 ○○○과 ○○○은 피해자를 잡기 위하여 피해자 운전의 차량을 뒤쫓아 추격하면서 그들의 차량을 운행하였습니다.

(4) 이처럼 2차례 접촉사고를 내고 약 20km 가량을 도주하던 피해자 운전의 차량은 같은 날 01:15:50경 위 ○○톨게이트의 하이패스 전용 2차로를 시속 약 207㎞(수사기록 130, 133, 156, 157쪽)로 진입한 후 통과하였고, 이 보다 약 2초 늦은 01:15:51경 ○○○ 운전의 차량이 시속 약 168㎞(수사기록 132, 134, 156, 157쪽)로 피해자 운전의 차량을 뒤 따라 역시 하이패스 전용 2차로를 진입한 후 통과하였습니다.

(5) 경찰 및 검찰에서는 이 사건 사고는 피해자가 ○○톨게이트를 통과한 후 약 4~5초 뒤인 같은 날 01:15:55경 발생하였다고 인정하고,(수사기록 156쪽), 정확한 사고 발생 장소에 관하여는 피고인과 피해자의 진술이 엇갈리지만, ○○톨게이트로부터 약 226.28m를 지난 지점(위 고속화도로 본선이 시작되는 지점 부근의 2차로)에서 사고가 발생하였다고 추정하고 있습니다(수사기록 90, 154, 165, 183, 274쪽).

(6) ○○톨게이트 근처에 설치된 CCTV의 녹화 영상에 의하면, 피해자는 사고 당일 상당히 빠른 속도로 ○○톨게이트로 접근하여 약 01:55:50경 하이패스 전용 2차로 입구를 속도를 전혀 줄이지 않은 상태로 진입하고 있었고, 그 시각에 피고인은 이미 톨게이트를 한참 전에 통과한 후 ○○고속화도로 본선 합류지점 쪽으로 상당한 거리를 진행하여 도로가에 설치된 2번째 가로등과 3번째 가로등 사이쯤을 운행하고 있으며, 피해자는 ○○톨게이트를 통과한 이후에도 사고 발생 지점까지도 거의 속도를 줄이지 않은 채 빠른 속도로 그대로 질주하다가 약 4~5초 뒤에 이 사건 사고가 발생하는 모습이 녹

화되어 있습니다.

그리고 경찰 조사에서는 피해자 운전의 차량이 하이패스 전용 2차로를 진입하고 통과한 시각, 이 사건 사고 발생 시각 및 톨게이트에서 사고 장소까지의 거리 등을 종합하여 역산하면, 사고 당시 피해자는 사고지점을 시속 약 203㎞로 진행하였다고 판단하고 있습니다.(수사기록 90, 154, 165, 183, 238쪽).

(7) 피고인은 사고 당일 최초의 경찰 조사에서는 진로변경을 하다가 사고가 발생한 것으로 과실을 인정한다고 진술하였으나,(수사기록 107쪽), 그 이후의 경찰 및 검찰 조사에서는 일관되게 과실을 인정한다는 부분은 사고충격으로 정신이 없어서 잘못 진술한 것이고, 사실은 사고 당시 이미 위 고속화도로 본선 2차로까지 차선변경을 마치고 시속 약 50~60㎞로 약 20~30m 정도 거리를 진행하고 있는데 피해자 운전의 차량이 피고인 운전의 차량을 추돌한 것이라고 진술하였습니다.

(8) 피해자는 경찰 및 검찰 조사에서 이 사건 사고 경위와 관련하여, ○○고속도로에서의 2차례 접촉사고는 전혀 기억이 나지 않고, ○○톨게이트 하이패스 2차로를 시속 약 50㎞로 통과하였으며, 사고 당시 시속 약 80~100㎞ 정도로 위 고속화도로 1차로와 2차로를 걸친 상태로 주행하고 있는데 청구인 운전의 차량이 갑자기 우측 방향에서 나타나 진로변경하면서 끼어들어와 좌측으로 피하였으나 어쩔 수 없이 충돌하였고, 피고인 운전의 차량은 사고 직전에서야 보았다고 진술하였습니다.

(9) 앞서 본 것처럼 2차례 접촉사고 후 도주하는 피해자 운전의 차량을 추격하다가 피해자 보다 약 1초 뒤쯤 ○○톨게이트를 통과한 후 이 사건 사고를 직접 목격한 ○○○은, 피해자 운전의 차량은 시속 약 180㎞ 이상의 빠른 속도로 하이패스 2차로를 통과하였고, 이미 톨게이트를 통과한 후 진로변경을 하면서 좌측 안쪽으로 들어오는 피고인 운전의 차량과 속도를 줄이지 못하고 빠른 속도로 계속 진행하는 피해자 운전의 차량을 보고 사고가 나겠다고 생각을 하면서 자신이 운전하는 차량의 속도를 줄이는데, 앞서 도주하던 피해자 운전의 차량이 피고인 운전의 차량을 그대로 충격하였고, 만약 자신도 속도를 줄이지 않았다면 앞차와 충돌하였을 것이라고 진술하고 있습니다.

그리고 피해자 운전의 차량이 사고 후 중앙분리대 방호벽을 들이받은 다음 멈추었는데도, 피해자는 차에서 내리지 않고 아직 시동이 걸려 있는 차량을 계속하여 시동을 걸려고 자동차 열쇠를 돌리고 있는 것을 보았다고 진술하고 있습니다.

(10) 도로교통공단 밀양시지부에서 작성한 '교통사고종합분석서'(수사기록 188~189쪽)는, 두 차량의 파손상태 및 두 차량 운전자의 주장, 현장조사 시 채증 된 타이어 흔적 및 방호벽 충돌 흔, 두 차량의 최종 정차 지점 들을 종합하면 이 사건 사고 충격 당시 피해자 운전의 차량은 1차로와 2차로를 걸친 상태로 추정되고, 피고인 운전의 차량은 2차로 선상에 위치한 것으로 추정할 수 있으나 이는 충격 부위에 한정한 것이고 피고인 운전의 차량 전반부는 1차로에 걸칠 가능성도 있으며, 충격자세에 따른 차량이동방향성에 관하여는 충돌 당시 피해자 운

전의 차량은 진로를 좌측으로 이동하는 과정이고,피고구인 운전의 차량은 좌측의 방향성을 가지고 있었을 것이라고 분석하였습니다.

그리고 사고 후 피해자 운전의 차량은 충돌지점에서 약 22m 정도 더 진행하여 중앙분리대 방호벽에 충돌한 다음 180도 회전하여 멈추었고, 피고인 운전의 차량은 피해자 차량이 멈춘 지점 보다 약 245m 정도 더 진행한 다음 위 고속화도로 3차로 옆 갓길에 최종적으로 정차한 것으로 기재되어 있습니다.

(11)도로교통법상 자동차전용도로인 ○○고속화도로의 최고속도는 매시 90㎞이고, ○○톨게이트 통과 차로 구간의 최고속도는 매시 30㎞입니다.

(12)위와 같은 사실관계를 바탕으로, 과연 피고인이 차선 변경시의 주의의무를 위반한 과실이 인정되는지 여부를 살펴보겠습니다.

가, ① 진로를 변경하다가 사고가 발생한 것으로 과실을 인정한다는 피고인의 경찰에서의 최초 진술, ② 이 사건 사고 발생 직전에 피고인이 2차로로 갑자기 끼어들어 사고가 났다는 피해자의 진술, ③ 2차례 접촉사고를 내고 도주하는 피해자 운전의 차량을 추격하다가 이 사건 사고를 직접 목격한 ○○○의 진술, ④ 이 사건 사고 당시 피고인의 차량이 '좌측 방향성'을 가진다고 분석한 교통사고상황분석서 등에 근거하여, 이 사건 사고 당시 피고인이 차선변경을 아직 완료하지 않은 상태였다고 판단한 다음, 피고인이 갑자기 2차로로 차선변경하면서 끼어 든 과실도 이 사건 사고가 발생하는 하나의 원인이 되었다고 판단하고 말았습니다.

나, 그러나 먼저, 피해자는 혈중알콜농도 0.141%의 만취상태에서 이미 ○○고속도로에서 2차례의 교통사고를 내고 도주하는 상황이었음에도 그러한 사고를 낸 사실 자체도 기억하지 못하고 있는 점, 이 사건 사고 당시 ○○톨게이트를 시속 약 207㎞의 엄청나게 빠른 속도로 통과하였으면서도 시속 약 50㎞로 통과하였다고 진술하고, 사고 지점 역시 시속 약 203㎞로 진행한 것으로 추정되는데도 시속 약 80~100㎞ 정도로 진행하였다고 진술하는 점, CCTV 녹화 영상에 의하면 피해자는 늦어도 ○○톨게이트를 통과할 때쯤에는 이미 상당한 거리(피고인은 그 거리를 약 200m 정도라고 주장한다.)에 앞서서 피고인 운전의 차량이 고속화도로 본선으로 합류하기 위하여 좌측 방향으로 진행하고 있다는 것을 충분히 볼 수 있었을 것으로 보이는데도 자신은 사고 전까지 피고인 운전의 차량을 보지 못하였다고 진술하는 점, 이 사건 사고 후 자신의 차량이 중앙분리대를 들이받은 후 정차하였는데도 곧바로 차에서 내리지 않고 아직 시동이 걸려 있는 차량의 시동을 걸기 위해 계속 자동차 열쇠를 돌리고 있었던 점 등을 비추어 보더라도 피해자는 술에 만취되어 이 사건 사고 당시의 전후 구체적인 상황을 전혀 기억하지 못하고 있다고 봄이 타당합니다. 따라서 피고인이 갑자기 차선변경을 하면서 끼어들어 사고가 났다는 피해자의 진술은 거짓말입니다.

다, 다음으로, ○○○은 이미 ○○톨게이트를 통과한 후 진로변경을 하면서 좌측 안쪽으로 들어오는 피고인 운전의 차량과 속도를 줄이지 못하고 빠른 속도로 계속 진행하는 피해자 운전의 차량을 보고, 사고 나겠다고 생각을 하면서 자신이 운전하는 차량의 속도를 줄이는데, 앞서 도주하던 피해자 운전의 차량이 피고인 운전의 차량을 그대로 충격하였다고 진술하고 있을 뿐입니다.

그러므로 ○○○의 진술만으로는 이 사건 사고가 피고인이 피해자가 피할 수 없을 정도의 거리에서 갑자기 차선변경을 한 과실로 발생하였다고 인정할 수 없습니다. 오히려 ○○○의 진술에 따르더라도 피해자는 술에 취하지 않은 상태로 전방을 잘 살피고 제한속도를 지키면서 사고 장소를 운행하였더라면 피고인 운전의 차량과의 충돌을 충분히 피할 수 있었을 터인데, 앞서 본 것처럼 술에 만취되어 엄청나게 과속하다가 사고 직전에서야 피고인 운전의 차량을 발견하고 그대로 추돌한 것입니다.

라, 또한 교통사고상황분석서에는 이 사건 사고 당시 피고인의 차량이 '좌측 방향성'을 가지고 있었다고 기재되어 있지만, 위 분석서는 두 차량의 접촉부분 및 차량 파손상태를 근거로 먼저 충돌자세를 추정한 다음, 추정된 충돌자세 및 사고 후 두 차량의 최종 위치를 토대로 사고 당시 발생한 타이어의 노면흔적과 중앙분리대 충격흔적을 만들어 낼 수 있는 차량의 이동 방향이 어떤 모습이었는지를 역으로 추적한 것에 불과합니다.

따라서 이 분석서 만으로는 반드시 피고인이 차선변경을 완료하지 않은 상태에서 이 사건 사고가 발생하였다거나, 피고인이 충분한 안전거리를 확보하지 않은 상태에서 갑자기 차선을 변경하는 바람에 이 사건 사고가 발생한 것은 절대 아닙니다.

마, 피고인이 사고 당일 경찰에서의 최초 조사에서 진로변경을 하다가 사고가 발생한 것으로 과실을 인정한다고 진술되어 있으나, 그 다음 조사 때부터는 일관되게 그 당시 사고 충격으로 정신이 없어서 잘못 진술한 것임을 밝히고 있는 점에 비추어 보면, 피고인의 입장에서는 ○○톨게이트 7차로를 통과하였기 때문에 편도 3차선의 위 ○○고속화도로의 본선으로 합류하기 위하여는 어쩔 수 없이 좌측방향으로 비스듬히 진행할 수밖에 없었고 순간적이지만 그러한 본선 진입 과정 중에 이 사건 사고가 발생하였으므로 사고 당일 최초 조사 시에 자신에게도 과실이 있다고 잘못 생각하고 진술하였을 가능성이 충분히 있습니다. 그러므로 피고인의 경찰에서의 최초 진술만으로 피고인이 차선을 변경하면서 주의의무를 다하지 않은 탓에 이 사건 사고가 발생한 것이 절대 아닙니다.

바, 또한 자동차 운전자는 통상 예견되는 사태에 대비하여 그 결과를 회피할 수 있을 정도의 주의의무를 다하면 되는 것이고 통상 예견하기 어려운 이례적인 사태의 발생까지 예견하여 이에 대비하여야 할 주의의무가 있다고 할 수 없는 것이므로(대법원 1985. 7. 9. 선고 85도833 판결 참조), 자동차전용도로에서 주행 중인 피고인으로서는 신뢰의 원칙상 상대방인 피해자도 제한속도 등 교통법규를 준수하면서 적절하게 운전할 것을 신뢰하고 그에 상응하는 주의의무를 다하여 차선을 변경하면 되는 것입니다.

그런데 앞서 본 것처럼 이 사건 사고는 피고인의 갑작스런 차선

변경으로 인하여 발생한 것이 아닌 오히려 피고인과 피해자가 ○○톨게이트를 통과한 시각 및 CCTV 영상 등을 종합하면 피고인이 ○○톨게이트 7차로로 진입 후 통행요금을 현금 등으로 지불하는 동안 잠시 지체한 시간까지 감안하더라도 피고인은 피해자보다 상당히 앞선 시각에 이미 ○○톨게이트를 통과한 다음 편도 3차선 고속화도로의 본선으로 합류하기 위하여 중앙분리대 쪽으로 진로를 변경하면서 운행하고 있었으며, 그 당시 ○○톨게이트 3~6차로는 폐쇄되어 있어서 그곳으로 통과하는 차량이 없었을 뿐 아니라 밤늦은 시간이라 통행하는 차량이 많지 않았고, 가로등 불빛으로 인하여 주변이 상당히 밝았으므로, 피해자는 늦어도 하이패스 2차로를 통과할 때쯤에는 상당히 앞선 전방(피고인은 약 200m 전방이라고 주장합니다.)에 이미 다른 ○○톨게이트 차로를 통과한 후 왼쪽으로 차선변경을 하면서 진행하고 있는 피고인 운전의 차량을 쉽게 발견할 수 있었을 것인 점에 비추어 보면, 이 사건 사고는 피해자가 전방을 잘 살피고 제한속도 등을 지키면서 운행하였더라면 충분히 예방할 수 있었을 터인데, 술에 만취되어 엄청난 과속으로 전방을 제대로 살피지 아니하고 운행한 피해자의 일방적인 과실로 발생한 추돌사고입니다.

사, 이와 같이 피고인에게 이 사건 사고와 관련하여 주의의무위반이 있었다고 인정하기 어려운 여러 가지 정황이 있음에도 불구하고, 이러한 사실을 충분히 조사하거나 검토하지 아니하고 피해자의 믿기 어려운 진술 등만을 근거로 피고인에게 과실이 있다는 전제 아래 내린 원심판결은 부당합니다.

4. 결론

이상과 같이 원심판결은 부당하므로 파기하여 피고인에게 무죄를 선고하여 주시기 바랍니다.

소명자료 및 첨부서류

1. 증 제3호증   목격자진술서

○○○○ 년 ○○ 월 ○○ 일

위 피고인(항소인) : ○   ○   ○   (인)

창원지방법원 밀양지원 형사항소○부 귀중

항 소 이 유 서

사 건 번 호 : ○○○○고단○○○○호   모욕

피고인(항소인) : ○   ○   ○

○○○○ 년 ○○ 월 ○○ 일

위 피고인(항소인) : ○ ○ ○   (인)

대구지방법원 안동지원 형사항소○부 귀중

항 소 이 유 서

1.항소인(피고인)

성 명	○ ○ ○	주민등록번호	생략
주 소	경상북도 영주시 ○○로 ○○길 ○○, ○○○호		
직 업	상업	사무실 주 소	생략
전 화	(휴대폰) 010 - 1290 - 0000		
사건번호	○○○○형제○○○○호 모욕		

귀원에 재판 계속 중인 피고인에 대한 모욕 피고사건에 관하여 피고인(항소인)은 다음과 같이 항소이유를 개진합니다.

- 다 음 -

1. 판시사실

가, 원심은 피고인(항소인)에 대한 공소사실을 모두 유죄로 인정하면서 피고인에 대하여 벌금 1,000,000원에 처한다는 판결을 선고하였는바, 이는 다음에서 보는 여러 사실관계를 종합하면 부당합니다.

나, 이 사건 공소사실에 의하면,

피고인는 ○○○○. ○○. ○○. 18:00경 ○○마트 인터넷 고객만족센터 '고객의 소리'란에 ○○전자에서 ○○마트에 파견 나가 있는 직원인 피해자 ○○○에 대하여 "밤 고양이, 도둑고양이"라는 표현을 사용함으로써 공연히 피해자를 모욕하였다는데 있습니다.

2. 피고인의 항소요지

가, 피고인이 피해자에 대하여 '밤 고양이처럼', '도둑고양이처럼'이라는 표현을 사용한 글을 ○○마트 인터넷 고객만족센터 '고객의 소리'란에 게시한 사실은 인정하나, ○○마트에서 ○○전자 판매사원으로 근무하는 피해자 등이 밤에 몰래 피고인의 사무실로 찾아와 사진을 찍어 피고인에게 문자메시지로 보낸 사실이 있어, 피고인은 ○○마트에 위와 같은 피해자의 행위를 항의하기 위하여 피해자의 행위에 대한 점잖은 표현으로서 위와 같은 글을 게시한 것이므로, 위 표현은 모욕에 해당하지 아니합니다.

나, 또한 피고인이 글을 게시한 위 '고객의 소리'란은 일반인은 열람할 수 없고 ○○마트의 정직원만이 열람할 수 있으며, ○○마트에서 고객의 민원을 듣고 참작하기 위하여 비공개로 운영하는 곳이므로, 모욕죄의 구성요건인 공연성이 인정되지 않습니다.

3. 수사결과

밤 고양이, 도둑고양이'라는 표현은 피해자에 대하여 경멸의 의사를 표시한 것으로 모욕에 해당하고, 피고인이 위'고객의 소리'란에 작성한 글은 ○○마트의 정직원이라면 누구나 읽을 수 있으므로 공연성이 인정된다며 피고인에게 유죄로 인정하였습니다.

4. 사실관계

가. 모욕죄에서 있어서'모욕'은 사실을 적시하지 아니하고 단순히 사람의 사회적 평가를 저하시킬 만한 추상적 판단이나 경멸적 감정을 표현하는 것을 뜻합니다.
사람의 사회적 평가를 저하시킬 만한 추상적 판단이나 경멸적 감정을 표현하였는지 여부는 추상적·일반적으로 결정될 수 없는 성질의 것이므로 이에 해당하는지 여부는 사회통념과 건전한 상식에 따라 구체적·개별적으로 정해질 수밖에 없습니다.

그리고 모욕에 해당하는지 여부는 피해자의 주관적 감정이 아니라 구체적 상황을 고려한 다음 사회통념에 의하여 객관적 의미와 내용에 따라 판단하여야 하고, 언어 또는 거동이 타인의 명예에 대한 경멸의 의사표시인가를 판단하자면 그것이 표시된 상황, 표시된 장소, 표시의 상대방, 의사표시 전체의 의미관련성 등이 종합적으로 검토되어야 합니다.

나. 이 사건 수사기록에 의하면, ○○전자와 관련된 일을 하는 피고인이 ○○전자의 제품이 아닌 다른 회사의 제품을 구입했다는 이유로 피해자가 한밤중에 제품의 배송지인 피고인의 사무실로 찾아가 사진을 찍어 이를 피고인에게 문자메시지로 보낸 사실, 이에

피고인은 피해자가 근무하는 ○○마트의 인터넷홈페이지 고객만족센터 '고객의 소리'란에 피고인의 개인정보가 어떻게 유출되었는지를 주로 항의하면서 피해자에 대하여 "밤 고양이처럼 사무실에 와서 사진을 찍고 도둑고양이처럼 사라진다."라는 내용의 글을 게시한 사실, 피고인이 위 글을 게시한 '고객의 소리'란은 ○○마트가 고객의 문의나 불편사항을 처리하기 위하여 만든 것으로 그곳에 등록된 글은 일반인들이 열람할 수 없는 사실 등을 알 수 있습니다.

다, 이와 같은 사실에 비추어 보면, 위 게시 글의 객관적인 의미와 내용은 '○○마트에 근무하는 피해자가 피고인이 알려준 적이 없는 개인정보에 해당하는 피고인의 사무실 주소를 어떻게 알게 되었는지를 ○○마트에서 조사해 달라.'는 취지로 봄이 상당하고, 그 중 피해자에 대한 '밤 고양이처럼', '도둑고양이처럼'이라는 표현은 사회통념상 '한밤중에 몰래'라는 의미를 비유한 것에 불과하다고 할 것이어서, 위 표현이 전체적으로 피해자에 대한 사회적 평가를 저하시킬 만한 추상적 판단이나 경멸적 감정을 표시한 모욕에 해당하지 않습니다.

5. 결론

이상과 같이 원심판결은 부당하므로 파기하여 피고인에게 무죄를 선고하여 주시기 바랍니다.

소명자료 및 첨부서류

1. 증 제2호증   게시판 캡처화면

○○○○ 년 ○○ 월 ○○ 일

위 피고인(항소인) : ○　○　○　　　(인)

대구지방법원 안동지원 형사항소○부 귀중

항 소 이 유 서

사 건 번 호 : ○○○○고단○○○○호   임대주택법위반

피고인(항소인) : ○   ○   ○

○○○○ 년 ○○ 월 ○○ 일

위 피고인(항소인) : ○ ○ ○   (인)

부산지방법원 형사항소○부 귀중

항 소 이 유 서

1.항소인(피고인)

성 명	○ ○ ○	주민등록번호	생략
주 소	부산시 ○○구 ○○로 ○○길 ○○, ○○○-○○○호		
직 업	상업	사무실 주 소	생략
전 화	(휴대폰) 010 - 7676 - 0000		
사건번호	○○○○형제○○○○호 임대주택법위반		

귀원에 재판 계속 중인 피고인에 대한 임대주택법위반 피고사건에 관하여 피고인(항소인)은 다음과 같이 항소이유를 개진합니다.

- 다 음 -

1. 판시사실

　가, 원심은 피고인(항소인)에 대한 공소사실을 모두 유죄로 인정하면서 피고인에 대하여 벌금 3,000,000원에 처한다는 판결을 선고하였는바, 이는 다음에서 보는 여러 사실관계를 종합하면 부당합니다.

나, 이 사건 공소사실에 의하면,

피고인은 부산시 ○○구 ○○로 ○○길 ○○, ○○○-○○○○호 (이하 '이 사건 임대주택'이라고만 하겠습니다) 공공건설임대주택의 임대사업자이다. 공공건설임대주택의 임대사업자는 분양전환 이전까지 저당권이나 가등기담보 등 담보물건을 설정하는 행위를 하지 말아야 함에도 불구하고, 피고인은 ○○○○. ○○. ○○. ○○금고에 채권최고액 5,040만 원의 근저당권(이하 '이 사건 근저당권'이라 합니다.) 설정을 하였다는데 있습니다.

다. 이 사건 관련조항은 다음과 같습니다.

임대주택법(2008. 3. 21. 법률 제8966호로 전부개정된 것)

제16조(임대주택의 매각 제한 등) ② 임대주택을 매각하는 매매계약서에는 임대주택을 매입하는 자가 임대주택을 매각하는 자의 임대사업자로서의 지위를 승계한다는 뜻을 분명하게 밝혀야 한다.

제18조(저당권설정 등의 제한) ①임대사업자는 「주택법」제16조 제1항에 따른 사업계획의 승인을 받아 시행하는 주택건설사업으로 건설된 임대주택에 대하여는 분양전환 이전까지 다음 각 호의 어느 하나에 해당하는 행위를 하여서는 아니 된다. 다만, 임차인이 동의하거나 그 밖에 대통령령으로 정하는 경우에는 그 행위를 할 수 있다.

라, 저당권이나 가등기담보 등 담보물권을 설정하는 행위

임대주택법(2012. 12. 28. 법률 제11587호로 개정된 것)

제41조(벌칙) ④ 다음 각 호의 어느 하나에 해당하는 자는 2년 이하의 징역이나 2천만 원 이하의 벌금에 처한다.

2. 피고인의 항소요지

가. 이 사건 근저당권은 피고인이 설정한 것이 아니라 이 사건 임대주택의 전전 소유자인 ○○○이 설정한 것을 피고인이 승계한 것에 불과합니다.

그런데 임대주택법은 임대사업자가 저당권이나 가등기담보 등 담보물권을 '설정'하는 행위를 금지하고 이에 위반한 경우를 처벌하고 있으므로, 종전 소유자가 설정한 근저당권을 승계한 것에 불과한 피고인은 이에 해당하지 아니하여 죄가 되지 아니합니다.

그럼에도 불구하고 피고인의 혐의가 인정됨을 전제로 한 원심판결은 부당합니다.

3. 수사결과

임대주택법 제16조 제2항은 임대주택의 소유권이 이전되더라도 임차인의 보호를 위해서 그 법적 지위의 승계를 규정하고 있다.

이 사건에서 피고인은 이 사건 임대주택을 매입한 자이므로 이 사건 근저당권을 설정한 전 소유자 ○○○의 임대사업자로서의 지위를 승계하게 된다.

따라서 임대사업자의 지위를 승계한 피고인 또한 같은 법 제18조 제1항에 해당하는 자에 포함된다는데 있습니다.

4. 사실관계

가, 이 사건 수사기록에 의하면, 임대주택법을 적용받는 공공건설임대주택인 이 사건 임대주택의 전전 소유자인 ○○○은 ○○○○. ○○. ○○. 이 사건 임대주택을 담보로 ○○금고로부터 대출을 받으면서 위 금고와 이 사건 근저당권 설정계약을 체결하고, 같은 달 ○○. 위 금고에게 근저당권설정등기를 마쳐준 사실, 전 소유자 ○○○은 ○○○○. ○○. ○○. ○○○에게 이 사건 임대주택을 대금 7,000만 원에 매도한 다음 같은 해 ○○. ○○. 소유권이전등기를 마쳐준 사실이 인정됩니다.

나, 피고인은 ○○○○. ○○. ○○. 전 소유자 ○○○을 채무자로 한 이 사건 근저당권설정등기가 마쳐져 있는 상태에서 이 사건 근저당권채무를 인수하는 조건으로 이 사건 임대주택을 ○○○으로부터 대금 7,000만 원에 매수하여 같은 해 ○○. ○○. 소유권이전등기를 마친 사실이 밝혀지고 있습니다.

5. 법리해석

가, 일반적으로 형벌법규 이외의 법규범에서는 법문의 의미가 명확하지 않거나 특정한 상황에 들어맞는 규율을 하고 있는 것인지 모호할 경우에는, 입법목적이나 입법자의 의도를 합리적으로 추론하여 문언의 의미를 보충하여 확정하는 체계적, 합목적적 해석을 할 수도 있고, 유사한 규범이나 유사한 사례로부터 확대해석을 하거나 유추해석을 하여 법의 흠결을 보충할 수도 있습니다.

나, 나아가 법률의 문언 그대로 구체적 사건에 적용할 경우에는 오히려 부당한 결론에 도달하게 되고 입법자가 그러한 결과를 의도하였을 리가 없다고 판단되는 경우에는 문언을 일정부분 수정하여 해석하는 경우도 있을 수 있습니다. 그러나 형벌조항을 해석함에 있어서는 헌법상 죄형법정주의원칙 때문에 입법목적이나 입법자의 의도를 감안하는 확대해석이나 유추해석은 일체 금지되고 형벌조항의 문언의 의미를 엄격하게 해석해야 하는 것입니다.

다, 임대주택법 제18조 제1항, 제41조 제4항 제4호의 입법취지는 임대사업자의 행위로 인해 임차인에게 재산상의 손해가 발생하는 것을 사전에 방지하기 위하여 임대사업자가 저당권이나 가등기담보 등 담보물권을 '설정'하는 행위를 금지하는 내용의 금지의무를 부과하고 이에 위반하는 행위를 처벌하고자 하는 것입니다.

따라서 처벌의 대상은 이러한 금지의무에 반하는 행위 그 자체이지 결과적으로 그러한 법적 상태가 발생하였다고 하여 위 임대주택법

조항으로 처벌하는 것은 죄형법정주의원칙에 반하는 것입니다.

라, 위 인정사실에 의하면 피고인은 이 사건 임대주택을 매수하면서 전전 소유자인 ○○○이 이미 설정한 이 사건 근저당권을 인수하였을 뿐, 임대주택법 제18조 제1항이 금지하는 근저당권을 '설정'하는 행위를 한 자에 해당하지 아니함은 명백합니다.

마, 한편, 임대주택법 제16조 제2항이 임대주택을 매각하는 경우 매매계약서에 임대주택의 매수자가 매도인의 임대사업자로서의 지위를 승계하는 뜻을 밝히도록 규정한 것은 임차인의 보호를 위해 임차인과의 관계에서 법률관계를 명확히 하고자 그와 같은 기재를 매매계약서에 명시하도록 한 것에 불과한 것이지, 매수인에게 매도인의 임대사업자로서의 법적 지위 외에 매도인의 행위전부에 대한 책임을 부담하게 하는 취지라고 보기는 어렵습니다.

바, 따라서 임대주택법이 임대주택의 매수인에게 이미 설정되어 있는 근저당권 등의 담보물권을 소멸시킬 의무를 부과하고 이를 위반한 경우 매수인을 처벌하는 규정을 별도로 두고 있지 않는 이상, 공소사실과 같이 위 규정에 의해 매수인인 피고인이 임대사업자로서의 지위를 승계하였고, 전전 소유자인 ○○○에 의해 설정된 이 사건 근저당권이 존속하고 있다는 이유만으로 실제 근저당권 설정행위를 하지 아니한 피고인을 처벌할 수 있다고 해석하는 것은 죄형법정주의원칙에 반하여 허용되지 아니합니다.

다. 소결

결국 원심에서는 피고인이 임대주택법 제18조 제1항이 금지하는 근저당권 설정행위를 한 자에 해당한다고 볼 수 없음에도 불구하고 유죄를 인정한 것이므로 이는 법리오해에 기초하여 이루어진 판단에 해당하여 부당합니다.

6. 결론

이상과 같이 원심판결은 부당하므로 파기하여 피고인에게 무죄를 선고하여 주시기 바랍니다.

<h2 style="text-align:center">소명자료 및 첨부서류</h2>

1. 증 제2호증   부동산등기부등본

○○○○ 년 ○○ 월 ○○ 일

위 피고인(항소인) : ○   ○   ○   (인)

<h1 style="text-align:center">부산지방법원 형사항소○부 귀중</h1>

항 소 이 유 서

사 건 번 호 : ○○○○고단○○○○호   절도 등

피고인(항소인) : ○   ○   ○ 외1

○○○○ 년 ○○ 월 ○○ 일

위 피고인(항소인) : ○   ○   ○   (인)

수원지방법원 안양지원 형사항소○부 귀중

항 소 이 유 서

1. 항소인(피고인)1

성 명	○ ○ ○	주민등록번호	생략
주 소	경기도 안양시 동안구 ○○로 ○○, ○○-○○○호		
직 업	상업	사무실 주 소	생략
전 화	(휴대폰) 010 - 7656 - 0000		
사건번호	○○○○형제○○○○호 절도 등		

항소인(피고인)2

성 명	○ ○ ○	주민등록번호	생략
주 소	경기도 안양시 동안구 ○○로 ○○, ○○-○○○호		
직 업	주부	사무실 주 소	생략
전 화	(휴대폰) 010 - 8234 - 0000		
사건번호	○○○○형제○○○○호 장물보관 등		

귀원에 재판 계속 중인 피고인들에 대한 절도 등 피고사건에 관하여 피고인

(항소인)1. 2,는 다음과 같이 항소이유를 개진합니다.

- 다 음 -

1. 판시사실

가, 원심은 피고인(항소인)에 대한 공소사실을 모두 유죄로 인정하면서 피고인에 대하여 징역 8월에 집행유예 2년에 처한다는 판결을 선고하였는바, 이는 다음에서 보는 여러 사실관계를 종합하면 원심판결은 부당합니다.

나, 이 사건 공소사실에 의하면,

피고인은"○○○○. ○○. ○○. 20:40경 경기70바○○○○호 ○○번 버스 안에서 피해자 ○○○이 떨어뜨린 현금 150,000원, ○○상품권 50,00 0원, 인감도장 1개, ○○카드 등이 들어있는 시가 380,000원 상당의 지갑을 가져가 이를 절취하였다"는 피의사실에 대하여 절도 혐의가 인정된다는데 있습니다.

피고인 ○○○은 피고인 ○○○의 어머니로서, "○○○○. ○○. ○○. 아들이 버스에서 주워온 피해자 ○○○의 지갑을 보관하였다"는 피의사실에 대하여 장물보관 혐의가 인정된다는데 있습니다.

2. 사실관계

가, 피고인1 ○○○은 피해자 ○○○이 버스에서 떨어뜨린 지갑(이하 '이 사건 지갑'이라고 합니다)의 주인을 찾아주려고 이를 다른 여성 승객으로부터 받아 버스에서 내렸으나 이미 피해자가 정류장에서 사라진 상태였고, 주변 다른 사람들에게 피해자의 행방을 물어보았지만 아는 사람이 없어서 어쩔 수 없이 이 사건 지갑을 그대로 집에 가져온 것입니다.

나. 피고인1 ○○○은 귀가한 후 어머니인 피고인2 ○○○에게 다음 날 지갑을 경찰서에 맡겨 주인을 찾아달라고 부탁하였는데, 피고인2 ○○○이 지갑의 존재를 깜빡 잊어버려 곧바로 주인을 찾아주지 못한 것일 뿐이므로 피고인1 ○○○에게는 불법영득의사가 없었습니다.

다, 장물보관죄는 재산범인 본범의 성립을 전제로 하는바, 위와 같이 본범의 불법영득의사가 인정되지 않는다면 장물죄가 성립하지 않으므로, 피고인2 ○○○의 장물보관 혐의는 존재하지 아니합니다.

3. 오인판단

가, 당시의 정황, 시간, 장소 등을 살펴볼 때 피고인1 ○○○이 버스에서 이 사건 지갑을 받아 들고 하차한 장소는 넓은 인도로 시야에 장애가 없는 곳이므로, 피해자가 보이지 않아 지갑을 돌려주지 못하였다는 주장은 믿기 어렵다는 오인판단을 하였습니다.

나, 설령 하차 직후 바로 지갑 주인을 찾을 수 없었다 하더라도, 그 이후 지갑을 우체통에 넣거나 경찰에 연락하는 등 주인을 찾아줄 수 있는 다른 방법이 충분히 있었는데 피고인1 ○○○은 아무런 조치를 취하지 않고 어머니인 피고인2 ○○○에게 이 사건 지갑

을 1개월 이상 이를 보관하게 하였으므로 절도죄의 불법영득의사
가 인정된다는데 있습니다.

다, 피고인1 ○○○은 아들이 습득한 물건임을 잘 알면서도 1개월 이
상 아무런 조치 없이 이 사건 지갑을 보관하였으므로 장물보관
혐의가 인정된다는데 있습니다.

4. 수사결과

가, 피고인1 ○○○은 ○○○○. ○○. ○○. 20:19:41경 ○○버스터
미널에서 ○○대 정문 앞 부근 친구들과의 약속장소로 가기 위하
여 경기70바○○○○호 ○○번 버스를 승차하였습니다.

그 후 이 사건 지갑의 소유자인 피해자 ○○○이 같은 버스를 탑
승하여 피고인1 ○○○의 바로 옆 자리에 앉았습니다.(제1수사기
록 9-10, 27면).

나, 피해자 ○○○은 지갑을 손에 들고 깜빡 졸다가 승차한지 약 6분
후에 '○○대삼거리'정류장에서 하차하면서 이 사건 지갑을 버스
안에 떨어뜨렸습니다.(제1수사기록 4, 6, 15면).

다, 이 사건 지갑이 버스 안에 떨어져 있는 것을 버스 하차 문 주변
에 앉은 다른 여성 승객도 발견하였습니다. 그 지갑을 발견한 승
객은 지갑을 손에 들고 버스 안에 있던 불특정 다수의 승객들에
게 이야기를 하였는데, 피고인1 ○○○이 이를 듣고 자리에서 일

어나 이 사건 지갑을 받아 들고 버스에서 하차하였습니다.(제1수
사기록 11, 28면).

라, 피고인1 ○○○은 버스정류장에서 지갑을 주인에게 돌려주지 못
하였고, 지갑을 자신의 가방 속에 넣고 친구들과 만난 후 귀가하
여 어머니인 피고인2 ○○○에게 건네주었습니다.

마, 피고인2 ○○○은 피고인1 ○○○으로부터 이 사건 지갑을 건네
받은 후 약 한 달간 주인을 찾아주지 않고 집안의 장롱 속에 보
관하였습니다.

사, 피고인들은 ○○○○. ○○. ○○. 조사를 받기 위해 경찰에 출석
하면서 이 사건 지갑을 경찰에 임의제출 하였고, 위 지갑은 피해
자 ○○○에게 그대로 반환되었습니다. 피해자 ○○○은 ○○○
○. ○○. ○○. 피고인들과 원만히 합의되었으므로 피고인들에
대한 형사 처벌을 원하지 않는다는 내용의 합의서를 수사기관에
제출하였습니다(제1수사기록 37면).

5. 절도죄

가, 절도죄의 객관적 구성요건요소 중 하나인 '절취행위'는 타인이 점
유하고 있는 재물을 점유자의 의사에 반하여 그 점유를 배제하고
자기 또는 제3자의 점유로 옮기는 것을 말하는데, 여기에서 점유
의 배제는 점유자 또는 처분권자의 의사에 반할 것을 요하므로
점유자 또는 처분권자의 동의가 있는 때에는 절도죄의 구성요건

해당성이 조각됩니다.

나, 이 사건에서 위와 같이 인정되는 사실에 의하면, 피고인1 ○○○
은 지갑을 최초 발견한 여성 승객에게 자신이 주인을 찾아 줄 테
니 지갑을 달라고 하여 이를 건네받은 것으로 보이고, 이러한 피
고인의 행위가 지갑 점유자인 여성 승객의'의사에 반하여'점유를
배제한 것은 아닙니다.

따라서 피고인1 ○○○의 행위는 절도죄에 있어 절취행위로 볼
수 없습니다. 절도죄의 객관적 구성요건을 충족하지 못합니다.

6. 횡령죄

가, 횡령죄는 위탁관계에 의하여 타인의 재물을 보관하는 자가 횡령
이나 반환거부행위를 함으로써 불법영득의사를 표현하는 경우 성
립합니다.

횡령죄에서의 위탁관계는 반드시 소유자에 의하여 행하여져야 하
는 것은 아니고, 소유자의 의사에 반하지 않는 한 제3자에 의해
이루어져도 무방합니다. 이 사건에서 피고인1 ○○○은 지갑 주
인을 찾아주겠다는 의사를 표시하며 지갑을 점유하게 되었으므로
제3자(다른 여성 승객)에 의해 지갑의 보관을 위탁받은 것으로
볼 수 있습니다.

이러한 위탁관계는 소유자인 피해자 ○○○의 추정적 의사에 반

하지 않습니다.

그러므로 피고인1 ○○○은 위탁관계에 의하여 타인의 재물을 보관하는 자에 해당합니다.

나, 나아가 횡령죄가 성립하기 위해서는 횡령하거나 반환을 거부한 행위를 하여야 하고, 이로써 불법영득의사를 표현하여야 합니다.

횡령죄의 경우에는 행위자가 이미 재물을 점유하고 있으므로 영득의 의사가 객관적으로 인식될 수 있도록 외부에 표현될 것이 요구되는 것입니다.

이 사건에서 피고인1 ○○○이 직접 지갑 주인을 찾아주지 않고 지갑을 어머니에게 맡긴 행위는 횡령행위 등에 해당할 여지가 있는바, 그렇다면 피고인1 ○○○의 혐의 인정 여부는 불법영득의사의 인정 여부에 따라 달라 지게 될 것입니다.

7. 불법영득의사

가, 불법영득의사는 '권리자를 배제하고 타인의 물건을 자기의 소유물과 같이 그 경제적 용법에 따라 이용하거나 처분하려는 의사'를 말하는데, 불법영득의사가 인정되기 위해서는 영구적으로 그 물건의 경제적 이익을 보유할 의사가 필요한 것은 아니지만 단순한 점유의 침해만으로는 부족하고, 소유권 또는 이에 준하는 본권을 침해하는 의사, 즉 소유자 등을 종래 지위에서 영원히 제거한다는 의사가 있어야 합니다.(대법원 2000. 10. 13. 선고 2000도 3655 판결; 대법원 1992. 9. 8. 선고 91도3149판결 참조).

나, 불법영득의사는 내심의 의사에 해당하므로, 행위자가 불법영득의 사가 없었다고 주장하는 경우 이러한 주관적 요소로 되는 사실은 사물의 성질상 그와 상당한 관련성이 있는 간접사실 또는 정황사 실을 증명하는 방법에 의하여 이를 입증할 수밖에 없습니다(대법 원 2010. 6. 24. 선고 2008도6755 판결 등 참조).

다, 이 사건에서도 수사기록에 나타난 간접사실 또는 정황사실 등에 비추어 피고인1 ○○○에게 불법영득의사가 있었다고 볼 수 있는 지 살펴보아야 할 것입니다.

라, 제1수사기록에 첨부된 CCTV 영상 사진에 의하면, 이 사건 지갑 이 다른 여성 승객에 의해 발견되었을 당시 버스에서 하차하고 있는 다른 승객이 2명 정도 있었으나 피해자 ○○○의 모습은 보 이지 않으므로(제11면 위쪽사진), 이때 이미 피해자 ○○○은 버 스에서 하차한 상태였음을 알 수 있습니다.

○○카드(교통카드) 단말기 결제시각(제1수사기록 15면)과 CCTV 영상시각은 약 29분 25초의 차이가 있는데(CCTV 영상이 더 빠 르게 표시됨), 피고인1 ○○○이 버스에서 하차하기 직전의 CCTV 영상 시각(21:06:12, 제11면 아래쪽 사진)을 ○○카드 결 제시각 기준으로 환산하여 보면, 피고인1 ○○○은 20:36:47경 버스에서 하차하였습니다.

그런데 피해자 ○○○은 20:36:22 버스에서 하차하면서 ○○카드 단말기에 카드를 결제하였으므로, 피고인1 ○○○과 피해자의 하차시각 사이에는 약 25초의 간극이 있었음을 알 수 있스니다. 위와 같은 시간 차이와 함께 당시 이미 해가 지고 어두워진 상태였던 사정 등을 고려하면, 정류장에서 피해자가 어디로 갔는지 찾을 수 없었습니다.

제2수사기록에 첨부되어 있는 피해 품 사진을 살펴보면(제16-21면), 이 사건 지갑 안에는 현금과 백화점상품권, 신용카드 등이 들어 있었을 뿐 피해자의 연락처를 확인할 수 있는 물건이 전혀 없었습니다.

따라서 피고인1 ○○○이 버스 정류장에서 피해자를 놓친 이상, 피해자에게 직접 연락하기 쉽지 않은 상황이었습니다.

만약 피고인1 ○○○에게 불법영득의사가 있었다면, 그 안에 들어 있던 현금·상품권 등을 소비하였을 가능성이 큽니다. 그런데 위 피고인1 ○○○습득한 지갑을 그대로 집에 가져와 어머니에게 주인을 찾아달라고 부탁하였고, 결국에는 이 사건 지갑과 그 안의 귀중품 등이 피해자에게 반환되기까지 하였으므로, 다른 특별한 사정이 없는 한 피고인1 ○○○에게 이 사건 지갑을 자신의 소유물과 같이 이용·처분하거나 피해자를 소유자 지위에서 영원히 제거하려는 의사가 없었습니다.

위와 같은 정황증거 또는 간접증거들에 의하면 피고인1 ○○○에게 불법영득의 의사가 없었음이 증명되고 있습니다.

8. 수사미진 또는 법리오해의 점

가, 그렇다면 피고인1 ○○○이 사건 당일 하차했던 정류장에 CCTV
는 없었는지, 만약 있었다면 피고인1 ○○○이 하차한 직후의 행
동은 어떠했는지, 위 피고인1 ○○○이 하차한 지점에서 친구들
과의 약속 장소까지 가는 도중 다른 방법으로 분실신고를 할 수
있을 만한 상황은 아니었는지, 피고인1 ○○○이 친구들과 만난
후 귀가하기까지의 구체적인 이동 경로는 어떠했는지, 위 청피고
인1 ○○○이 귀가하는 도중에도 다른 방법으로 분실신고를 할
수는 없는 상황이었는지, 위 피고인1 ○○○이 이 사건 지갑을
자신의 어머니인 ○○○에게 맡긴 후 ○○○에게 반환 조치를 취
하였는지 여부를 묻거나 확인한 적은 없는지, 그동안 ○○○이
아무런 조치를 취하지 않았다는 점에 대해 알고 있었는지 등에
관한 추가적인 수사를 하여, 피고인1 ○○○의 주장에 대한 진위
를 판단하지도 않았습니다.

그럼에도 불구하고 그러한 추가조사 없이 곧바로 피고인1 ○○○
에게 불법영득의사가 있음을 전제로 혐의를 인정하자 원심은 법
리오해에 터 잡아 피고인들에게 유죄를 선고하고 말았습니다.

9. 결론
이상과 같이 원심판결은 부당하므로 파기하여 피고인들에게 무죄를
선고하여 주시기 바랍니다.

소명자료 및 첨부서류

1. 증 제3호증   CCTV 영상물 등

○○○○ 년 ○○ 월 ○○ 일

위 피고인(항소인)1 : ○   ○   ○   (인)

위 피고인(항소인)2 : ○   ○   ○   (인)

수원지방법원 안양지원 형사항소○부 귀중

항 소 이 유 서

사 건 번 호 : ○○○○고단○○○○호   특수절도

피고인(항소인) : ○   ○   ○

○○○○ 년 ○○ 월 ○○ 일

위 피고인(항소인) : ○   ○   ○   (인)

울산지방법원 형사항소○부 귀중

항 소 이 유 서

1.항소인(피고인)

성 명	○ ○ ○	주민등록번호	생략
주 소	울산시 ○○구 ○○로 ○○길 ○○, ○○○-○○○호		
직 업	무직	사무실 주 소	생략
전 화	(휴대폰) 010 - 7676 - 0000		
사건번호	○○○○형제○○○○호 특수절도		

귀원에 재판 계속 중인 피고인에 대한 특수절도 피고사건에 관하여 피고인(항소인)은 다음과 같이 항소이유를 개진합니다.

- 다 음 -

1. 원심판시사실

가, 원심은 피고인(항소인)에 대한 공소사실을 모두 유죄로 인정하면서 피고인에 대하여 징역 8월에 집행유예 2년에 처한다는 판결을 선고하였는바, 이는 다음에서 보는 여러 사실관계를 종합하면 부당합니다.

나, 이 사건 공소사실에 의하면,

피고인은 ○○○과 공모하여 ○○○○. ○○. ○○. 20:40경 울산광역시 ○○구 ○○로 ○○, 편의점에서, 라면을 고르는 척하다가 ○○○이 편의점 종업원인 피해자 ○○○에게 라면을 추가로 한 개 더 달라고 말하여 피해자가 창고로 라면을 가지러 간 틈을 이용하여, ○○○은 편의점 카운터 뒤쪽에 있는 담배보관대에서 시가 10,800원 상당의 담배 4갑을 꺼내어 상의 주머니에 넣고, 피고인은 편의점 밖에서 누가 들어오는지 망을 보고, ○○○이 담배를 절취하는 것을 지켜보며 망을 봄으로써 합동하여 피해자의 재물을 절취하였다는데 있습니다.

다, 피고인은 담배를 훔치기로 공모하거나, ○○○이 재물을 절취할 때 망을 보는 등으로 실행행위를 분담한 사실 또한 전혀 없습니다.

2. 합동 범으로서의 특수절도죄 성립요건

가, 형법 제331조 제2항 후단의 2인 이상이 합동하여 타인의 재물을 절취하여 특수절도죄가 성립하기 위하여는 주관적 요건으로서의 공모와 객관적 요건으로서의 실행행위의 분담이 있어야 하고, 그 실행행위에 있어서는 시간적으로나 장소적으로 협동관계에 있음을 요한다. (대법원 1996. 3. 22. 선고 96도313 판결 등 참조).

나, 따라서 피고인에 대한 위 피의사실이 인정되기 위하여는 피고인이 담배를 훔치기로 공모하고, 시간적으로나 장소적으로 협동하여 그 실행행위를 분담하였다는 점이 인정되어야 합니다.

3. 수사결과

가, ○○○은 사건 당일인 ○○○○. ○○. ○○. ○○지구대에서 진술서를 작성할 당시부터 ○○○○. ○○. ○○. ○○경찰서에서의 피의자신문조서 시까지 일관하여 피고인과 담배를 훔치기로 공모하지 아니하였고, 피고인은 절도 계획을 전혀 알지 못하였다고 범행을 부인하였습니다.

나, ○○○은 사건 당일인 ○○○○. ○○. ○○. ○○지구대에서 작성한 진술서에서는'자신과 피고인 ○○○가 담배를 훔치면 반씩 나누기로 하였고, 담배를 피우지 않는 피고인과 담배를 나누기로 하지는 않았으나 피고인도 듣고서 다 같이 편의점에 갔다'는 취지로 기재하였고, ○○○○. ○○. ○○. ○○경찰서에서의 피의자신문조서 시에도 같은 내용의 진술을 하였습니다.

다, 그러나, ○○○은 그 후 피고인에게 ○○○의 절도 계획을 몰랐다는 취지의 진술서를 써 주었고, 경찰 조사 이후에 카카오톡 메신저를 통하여 피고인에게'자기 가족과 피고인의 가족이 싸워서 너무 화가 나서 경찰에게 피고인도 담배 훔치는 것을 알았다고 이야기하였다', '피고인과도 훔친 담배를 나누기로 하였다고 경찰에서 이야기한 것은 담당 경찰관이 피고인도 그런 내용으로 말했다고 하여 ○○○도 그렇게 말했다','담배를 훔치기로 하는 것을 피고인은 몰랐는데 경찰이 계속 물어봐서 피고인도 알았다고 대답했다'라는 취지의 메시지를 보낸 것으로 되어 있습니다.

라, 이와 같이 ○○○은 그 진술에 일관성이 없고 피고인의 절도 범행 관여나 미리 알고 있었는지 여부에 관하여 계속하여 진술을 번복하고 있습니다.

마, 한편 피고인은 경찰에서 작성한 최초 진술서에서는 ○○○이 담배를 훔치다가 발각되어 혼나고 있는 것을 목격하였고, ○○○이 혼자서 담배를 훔치기로 하였으며, 자신은 이에 대하여 전혀 몰랐다고 기재하였을 뿐 입니다.

그런데 ○○○○. ○○. ○○. ○○경찰서에서의 피의자신문조서 시에는 ○○○의 위 진술과 같이 '○○○과 자신이 담배를 훔쳐 반씩 나누기로 하였고, 담배를 피우지 않는 피고인도 이를 듣고서 알았다고 한 다음 함께 편의점에 갔다'고 진술하는 등 진술에 일관성이 없습니다.

바, 수사기록에 첨부된 CCTV 촬영 사진은 카운터에서 담배를 훔치는 ○○○의 쪽을 피고인이 바라보고 있는 장면뿐이고, 피고인이 ○○○과 담배를 합동하여 절취하기 위한 공모를 하였거나 망을 보는 실행행위를 분담하였다고 볼 만한 장면은 어디에도 없습니다.

사, 위와 같이 ○○○이 담배를 훔치기로 공모한 경위와 과정 등에 대하여 관련자들의 진술이 서로 상이하고 일관성이 없으므로 ○○○과 피고인을 대질신문하여 담배를 훔치기로 공모한 경위, 범행 현장에 이르게 된 과정, 담배를 피우지 않는 피고인이 ○○○의 절도에 가담하였다면 그 경위 등을 조사하여야 함에도 불구하고 이에 대한 조사를 하지 아니한 채 유죄로 인정하고 말았습니다.

아. 소결

따라서 이 사건 공소사실은 그 결정에 영향을 미친 중대한 수사미진의 잘못이 있고, 그로 말미암아 피고인에게 유죄로 인정한 원심판결은 부당합니다.

4. 결론

이상과 같이 원심판결은 부당하므로 파기하여 피고인에게 무죄를 선고하여 주시기 바랍니다.

소명자료 및 첨부서류

1. 증 제2호증   CCTV 캡처화면

○○○○ 년 ○○ 월 ○○ 일

위 피고인(항소인) : ○   ○   ○   (인)

울산지방법원 형사항소○부 귀중

항 소 이 유 서

사 건 번 호 : ○○○○고단○○○○호   특수절도

피고인(항소인) :   ○   ○   ○ 외1

○○○○ 년 ○○ 월 ○○ 일

위 피고인(항소인)1 : ○   ○   ○   (인)

위 피고인(항소인)2 : ○   ○   ○   (인)

광주지방법원 형사항소○부 귀중

항 소 이 유 서

1. 항소인(피고인)1

성 명	○ ○ ○	주민등록번호	생략
주 소	광주광역시 ○○구 ○○로 ○○, ○○-○○○호		
직 업	상업	사무실 주 소	생략
전 화	(휴대폰) 010 - 7234 - 0000		
사건번호	○○○○형제○○○○호 특수절도		

항소인(피고인)2

성 명	○ ○ ○	주민등록번호	생략
주 소	광주광역시 ○○구 ○○로 ○○, ○○-○○○호		
직 업	주부	사무실 주 소	생략
전 화	(휴대폰) 010 - 6784 - 0000		
사건번호	○○○○형제○○○○호 특수절도		

귀원에 재판 계속 중인 피고인들에 대한 특수절도 피고사건에 관하여 피고

인(항소인)1. 2,는 다음과 같이 항소이유를 개진합니다.

- 다 음 -

1. 판시사실

　가, 원심은 피고인(항소인)에 대한 공소사실을 모두 유죄로 인정하면서 피고인에 대하여 징역 6월에 2년간의 집행을 유예한다는 판결을 선고하였는바, 이는 다음에서 보는 여러 사실관계를 종합하면 부당합니다.

　나, 이 사건 공소사실에 의하면,

　　피고인1 ○○○과 피고인2 ○○○은 합동하여 ○○○○. ○○. ○○. 피해자 ○○○의 소유인 화분 7개를 가져가 절취하였다.

　　피의사실은 모두 인정되지만 피고인1 ○○○은 초범이고, 피고인2 ○○○은 동종 형사 처벌 전력이 없으며, 아파트 앞길에 놓여 있던 화분 7개를 발견하고 우발적으로 가져간 것이고, 피해자가 처벌을 원하지 않는 점 등 경위와 정상에 참작할 만한 사유가 있다는 이유로 피고인들을 유죄로 인정한다는데 있습니다.

2. 피고인들의 항소요지

　가. 피고인들은 ○○새마을부녀회(이하'부녀회'라고만 하겠습니다) 회장 및 총무로서 ○○로 내에 설치된 35개의 헌옷수거함에서 헌옷을 수거하여 이를 매각하여 마련한 금원으로 관내 학생들의 장학

금을 지급하는 등의 봉사활동을 하고 있습니다.

나. 피고인들은 ○○아파트 501동 출입구 앞의 헌옷수거함에서 헌옷을 수거하던 중, 화분 7개가 헌옷수거함 바로 옆에 놓여 있는데다가 2~3개는 정상적인 화초도 없이 화분 그릇만 포개어져 있어 버려진 것이라 생각해 가져왔습니다.

다. 피고인들은 화분들을 유류물이라 생각하여 봉사의 일환으로 판매하고자 가져온 것이어서 절도의 고의가 없습니다.

3. 수사결과

화분에는 식물이 심어져 있었고 깨지거나 금이 간 곳이 없어 누군가가 버린 물건이라고 오인하기 어렵고, 피고인들은 주민들에게 확인하지 않고 임의로 화물차에 싣고 갔으며, 다른 사람들에게 중고로 팔려고 하였으므로 '타인의 점유'임을 인식하였다고 할 것이어서 절도의 고의가 인정된다는데 있습니다.

4. 사실관계

가. 피고인들은 새마을부녀회 회장과 총무로서 지난 6년간 ○○로 내에 설치된 부녀회 헌옷수거함 35개를 돌면서 헌옷수거함에 있는 헌옷 뿐 아니라 주민들이 불필요하다고 생각하여 헌옷수거함 앞에 내어 놓은 전자제품, 도자기, 그릇 등을 수거하여 왔습니다.

피고인들은 이러한 물건들을 판매하여 얻은 수익금으로 초록세상·저소득 층 학생에게 기부하고, 독거노인을 위한 김장이나 떡을 만들어 돌리는 등의 봉사활동을 하여 왔습니다.

피고인들은 헌옷수거함에 들어있던 헌 옷의 주인으로부터 옷 속에 있는 버리지 못할 물건이 있었으니 그 물건은 돌려달라는 요청을 받고 몇 번 돌려준 적도 있습니다.

나. 당시 화분 7개는 ○○로 새마을부녀회라는 표식이 붙은 헌옷수거함 옆에 벽돌 하나를 사이에 두고 위치해 있었으며, 각 화분에는 행운목·산세베리아·마지나타 나무 등 식물이 심어져 있었고, 그 화분들은 모두 깨끗하고 금이 가지 않은 상태였습니다.

다. 피고인들은 아파트 현관 앞에 위치한 헌옷수거함 옆에 있는 화분들을 발견하고 당시 아파트 주민이나 관리실 직원에게 화분이 버려진 것인지 묻지는 않은 채 화분 중 2~3개는 식물이 없고 포개어져 있었으므로 못 쓰는 화분이라고 판단하고 15개 화분 중 7개만 우선 싣고 갈 요량으로 타고 온 트럭 뒤에 싣고, 헌옷수거함 내에 있던 옷도 실은 뒤 다른 헌옷수거함이 위치한 곳으로 이동하였던 것입니다.

라. 피해자 ○○○은 식물이 비를 맞게끔 ○○○○. ○○. ○○.부터 일부러 아파트 현관 옆에 화분들을 둔 것이라고 진술하고 있으나, 피해자가 ○○○○. ○○. ○○. 작성한 확인서에는 이사준비를 하는 과정에서 피해자의 처가 화분을 헌옷수거함 앞에 내어놓

은 사정을 몰라서 분실 신고하였다고 기재되어 있습니다.

5. 수사미진

가, 피고인들이 과거에 헌옷 수거함 앞에 있는 다른 물건들도 수거한 적이 있는지 여부는 이 사건에서 절도의 고의 및 불법영득의사를 판단하는 데 중요한 사정입니다.

피고인들이 가져간 화분들은 헌옷들과 함께 피고인1 ○○○ 집에 보관되어 있다가 사건 발생일로부터 2일 뒤에 경찰에 의하여 압수되었으므로, 부녀회 이름으로 그 화분들을 판매할 예정이었는지 여부는 기록상 확인할 수 없습니다.

나, 피해자 ○○○가 헌옷수거함 앞에 화분들을 내어 놓은 경위에 대해 피해자는 처음에는 비를 맞게 하기 위하여 화분을 내어 놓은 것이라고 진술하였다가 이후 피해자의 처가 이사를 준비하는 과정에서 화분을 정리하고자 내어 놓은 것이라고 이전과는 상반된 내용의 진술을 하고 있습니다.
이는 화분들이 유류물인 줄 알았다는 피고인들의 진술과 더불어 절도죄의 성립을 좌우하는 사정에 해당함에도 불구하고 피해자를 상대로 추가적인 조사를 전혀 실시하지 않았습니다.

다, 화분들을 수거한 시각은 19:27경으로 해가 지기 전 환한 시간이었고, 화분들은 사람이 많이 오가는 아파트 현관에 위치한 헌옷 수거함 옆에 놓여 있었으며, 화분의 크기가 커서 이동상황이 잘

포착되는데 이를 두 명이 번갈아 가며 눈에 잘 띄는 차량인 트럭에 적재하는 것은 범행 일시나 장소, 방법, 피고인들의 지위에 비추어 볼 때 절도의 고의가 있는 행동이었다고 볼 수 없습니다.

라. 소결

이러한 점을 종합해보면 피고인들이 절취하기 위하여 화분들을 가져갔다고 보기 어렵습니다.

따라서 수사결과에 의하면 ○○아파트 주민이나 경비실 직원을 상대로 동네 주민들이 부녀회에 기증하는 의미로 헌옷수거함 앞에 필요 없는 물건을 가져다 놓은 일이 있는지, 부녀회 회원들을 상대로 과거 헌옷수거함 주위에 있는 물건 수거 경험에 관한 피고인들의 주장이 사실인지 등 피고인들의 주장을 뒷받침할 다른 증거가 있는지를 확인하고, 피해자 ○○○의 처가 이사하기 위하여 화분들에 대한 소유권을 포기하였을 가능성이 있으므로 피해자 ○○○을 상대로 그러한 사정을 더 조사하였어야 합니다.

그럼에도 불구하고 피고인들의 행적이 담긴 폐쇄회로 티비(CCTV)화면과 피해물건 사진, 피고인들이 화분을 가져갔다고 시인하였다는 이유만으로 별다른 추가 조사를 하지도 않고 피고인들에 대한 절도의 고의를 인정하여 절도죄의 혐의를 인정하였다는 것은 중대한 수사미진에 따른 검찰권의 행사라고 아니할 수 없고, 이로 말미암아 피고인들에게 유죄를 선고한 원심판결은 부당합니다.

6. 결론

이상과 같이 원심판결은 부당하므로 파기하여 피고인들에게 무죄를 선고하여 주시기 바랍니다.

소명자료 및 첨부서류

1. 증 제3호증   CCTV 영상물 등

○○○○ 년 ○○ 월 ○○ 일

위 피고인(항소인)1 : ○   ○   ○   (인)

위 피고인(항소인)2 : ○   ○   ○   (인)

광주지방법원 형사항소○부 귀중

항 소 이 유 서

사 건 번 호 : ○○○○고단○○○○호   폭행

피고인(항소인) : ○   ○   ○

○○○○ 년 ○○ 월 ○○ 일

위 피고인(항소인) : ○   ○   ○   (인)

전주지방법원 정읍지원 형사항소○부 귀중

항 소 이 유 서

1.항소인(피고인)

성 명	○ ○ ○	주민등록번호	생략
주 소	전라북도 정읍시 ○○로 ○○길 ○○, ○○○호		
직 업	상업	사무실 주 소	생략
전 화	(휴대폰) 010 - 1290 - 0000		
사건번호	○○○○형제○○○○호 폭행		

귀원에 재판 계속 중인 피고인에 대한 폭행 피고사건에 관하여 피고인(항소인)은 다음과 같이 항소이유를 개진합니다.

- 다   음 -

1. 판시사실

가, 원심은 피고인(항소인)에 대한 공소사실을 모두 유죄로 인정하면서 피고인에 대하여 벌금 3,000,000원에 처한다는 판결을 선고하였는바, 이는 다음에서 보는 여러 사실관계를 종합하면 원심판결은 부당하다 할 것입니다.

나, 이 사건 공소사실에 의하면,

피고인는 ○○○○. ○○. ○○. 18:00경 전라북도 정읍시 ○○로 ○○길 ○○,에서 피해자의 남편 ○○○과 잠시 할 말이 있다며 피해자를 방 밖으로 끌어내는 과정에서 이를 거부하는 피해자의 손목을 강제로 잡아당기는 등 폭행하였다.

피고인의 피의사실을 인정하면서도, 피고인이 초범이고, 피고인이 병환 중인 자신의 오빠와 대화를 나누려던 과정에서 올케인 피해자와 시비가 되어 우발적으로 범행에 이르게 된 것으로 그 동기에 참작할 점이 있으며, 사안 및 피해의 정도도 비교적 경미한 점 등을 참작하여 벌금형으로 처분한다는데 있습니다.

2. 피고인의 주장요지

피고인은 피해자를 폭행한 사실이 전혀 없고, 설령 가벼운 신체 접촉이 있었다 하더라도 피해자가 심한 욕설을 하면서 피고인을 밀어내는 등 유형력의 행사를 하기에 이로부터 벗어나기 위해 소극적으로 뿌리친 것에 불과하므로, 정당방위 또는 정당행위에 해당합니다.

3. 수사결과

가, 피고인은 피해자 ○○○의 남편인 ○○○의 이성동복 여동생입니다. 피고인은 ○○○○. ○○. ○○. 18:00경 당시 뇌종양 말기와 허리디스크로 집에서 요양 중이던 ○○○을 만나기 위해 피해자와 ○○○이 거주하고 있는 전라북도 정읍시 ○○로 ○○,에 피고인의 이모인 ○○○, 피고인의 사촌언니인 ○○○와 함께 방문하였습니다.

피고인은 ○○○과 대화하려고 하였으나, 그 과정에서 피해자와 언쟁이 발생하였고, 피해자는 이로부터 8개월이 지난 ○○○○. ○○. ○○. 피고인을 폭행죄로 고소하였습니다.

나, 피해자는 피고인이 사건 당시 ○○○에게 할 말이 있다면서 자신의 오른 팔을 잡아 강제로 방 밖으로 끌어내었고, 자신이 질질 끌려가는 과정에서 양발과 손목에 멍이 들고 얼굴에 손톱자국이 생기는 등 폭행을 당하였다고 진술하였습니다.

다, 반면, 피고인은 오빠인 ○○○과 대화를 나누고 싶었으나 피해자가 큰 소리로 계속 욕설을 하며 이를 방해하기에 피해자에게 조용히 하라고 하는 과정에서 비키라는 의미로 뿌리친 적은 있으나 피해자의 몸을 밀치거나 싸움을 한 것은 아닙니다.

라, 목격자인 ○○○는 피고인과 피해자가 마주보는 상태에서 서로 큰 소리로 다투던 중 손을 맞잡고 위아래로 2-3회 정도 흔들다가 본인이 만류해서 몸싸움까지 가지는 않았다고 진술하였고, 또 다른 목격자인 ○○○는 피고인이 피해자에게 시끄럽게 하지 말고 잠시 나가 있으라는 취지에서 손으로 앉아있는 피해자를 한 번 밀쳤지만, 피고인이 피해자를 밖으로 끌어내려고 하는 행동은 없었다고 진술하고 있습니다.

4. 사실관계

가, 피해자가 주장하는 피고인의 폭행사실을 인정여부

피해자는 피고인이 자신의 손목을 잡고 강제로 방 밖으로 끌어내어 질질 끌려가는 과정에서 손목, 다리 등에 멍이 들었다고 주장하고 있습니다.
그러나 피고인은 피해자를 방 밖으로 강제로 끌어낸 적이 없습니다.

목격자인 ○○○와 ○○○도 진술에서 피고인이 피해자를 방 밖으로 끌어내거나 피해자가 넘어진 것을 본 적이 없으며, 피해자가 멍든 것도 보지 못했다고 진술하고 있습니다.

목격자들이 비록 피고인과 친인척 관계에 있긴 하나, 피해자도 목격자 ○○○가 피고인의 폭행 사실을 그대로 진술해줄 것이라고 지목한 바 있는 등 이들이 특별히 치우친 내용의 진술을 하고 있다거나 그 신빙성을 의심할 만한 특별한 사정은 없습니다.

결국 피해자가 주장하는 바와 같은 피고인의 폭행사실을 뒷받침할 수 있는 증거는 피해자 본인의 진술밖에 없는데, 이는 피고인 및 목격자들의 진술과 어긋나고, 피해자는 증거의 존재 여부에 대해서도 신빙성이 부족한 변명을 하고 있으며, 피해자가 시누이인 피고인과 오랫동안 감정이 좋지 않았고 수사과정에서 피고인에 대해 이 사건과 무관한 내용의 비방과 험담을 하고 있는 점 등을 고려할 때 피해자의 진술은 전체적으로 신빙성이 없고 사건의 경위를 과장하고 있습니다.

따라서 피해자의 진술만으로는 피해자가 주장하는 바와 같은 피고인의 폭행사실을 인정될 수 없습니다.

나, 피고인의 유형력 행사가 폭행죄의 구성요건에 해당여부

다만, 피고인과 목격자 ○○○는 피해자가 큰 소리로 욕설을 하며 ○○○과의 대화를 방해하기에 조용히 하라는 취지에서 피고인이 피해자를 손으로 뿌리치거나 밀쳤다는 취지의 진술을 한 바 있고, 목격자 ○○○도 피고인과 피해자가 언쟁을 하다가 손을 맞잡고 위아래로 두세 번 흔든 사실이 있다는 취지의 진술을 한 바 있습니다.

이와 같은 피고인 및 목격자들의 각 진술을 종합해 보시면 사건 당일 피고인과 피해자 사이에 약간의 실랑이 및 가벼운 신체의 접촉이 있었던 사실은 인정할 수 있습니다.

그러나 그 정도는 피고인이 피해자와 언쟁을 하던 중에 손으로 피해자를 밀친 정도, 서로 손을 맞잡고 흔들거나 뿌리친 정도밖에 안 됩니다.
그러나 폭행죄의 폭행은 단순히 인간의 신체에 향하여진 유형력의 행사이기만 하면 성립하는 것이 아닙니다.

상해 결과가 생길 위험성을 가지거나 혹은 적어도 신체적·생리적

고통이나 불쾌감을 야기할 만한 성질의 것이어야 성립하는 등의 제한을 요합니다. 판례도 폭행의 개념에 대해 "사람의 신체에 대한 불법한 공격"(대법원 86도1796 판결) 혹은 "피해자에 대한 불법한 유형력의 행사"(대법원 89도1406 판결)라는 표현을 사용하여, '상대방의 시비를 만류하면서 조용히 얘기나 하자며 팔을 2, 3회 끈 행위'나 '뺨을 꼬집고 주먹으로 쥐어박으며 덤벼드는 상대방을 부둥켜 안은 행위'를 폭행으로 볼 수 없다는 취지로 판시한 바 있습니다.

이 때 불법한 공격인지 여부는 행위의 목적과 의도, 행위 당시의 정황, 행위의 태양과 종류, 피해자에게 주는 고통의 유무, 정도 등을 종합하여 판단되어야 하는 것입니다.

피해자도 진술하고 있는 바와 같이 피고인의 오빠이자 피해자의 남편인 ○○○은 당시 뇌종양 말기 등의 질환으로 수명이 몇 개월밖에 남지 않았다는 진단을 받고 전혀 거동을 하지 못한 채 누워있는 위중한 상태였습니다.

따라서 피해자가 ○○○을 집에 머무르게 하고 다른 가족들과의 만남이나 연락을 통제하므로 피고인으로서는 피해자가 ○○○을 적극적으로 치료하거나 간병하지 않는다고 여길 수 있었을 것이고, ○○○을 방문한 기회에 ○○○과 대화를 통해 치료와 관련된 문제 등을 상의하고자 하였을 것으로 예상할 수 있습니다. 그와 같은 상황에서 ○○○과 대화하려는 피고인에게 피해자가 큰 소리로 욕설을 하고 ○○○과 피고인 사이에 끼어들어 대화를 방해하는 등의 행동을 하는 데 대해 피고인이 조용히 하라는 취지에서 손으로 피해자를 밀쳤거나, 혹은 약간의 실랑이가 되어 서로 손을 맞잡고 흔들거나 뿌리쳤다고 하더라도, 행위 당시의 정황과 행위의 목적, 행위의 태양, 피해자에게 주는 고통의 유무 등을 종합해 볼 때, 그와 같은 신체의 접촉을 두고 피고인이 피해자의 신체에 대해 불법한 공격을 하였다고 단정할 수는 없는 것입니다.

5. 법리오해

사정이 이와 같음에도 피해자의 진술이 피고인 및 목격자들의 진술과 차이가 나고 그 진술을 뒷받침할 만한 증거가 없음에도 불구하고 피해자 진술의 신빙성이 인정될 수 있는지 여부 및 그 주장과 같은 폭행사실을 인정하기에 충분한지 여부를 밝혀보았어야 하고, 피고인에 의한 일부 유형력 행사가 있었다 하더라도 그 유형력 행사의 강도, 유형력 행사의 동기나 경위 등을 좀 더 면밀히 검토하여 피고인의 행위가 폭행죄의 폭행에 해당하는지 여부, 사회상규에 위배되지 않는 행위로서 위법성이 조각될 수 있는지 여부 등에 대하여도 좀 더 밝혀본 후 그 혐의 유무를 판단하지 않고 피고인이 피해자의 손목을 잡고 강제로 끌어내었다는 피해자의 진술만으로 곧바로 폭행 혐의를 인정하여 기소하였고 원심 또는 피고인에게 유죄를 인정하고 부당한 판결을 하였습니다.

6. 결론

이상과 같이 원심판결은 부당하므로 파기하여 피고인에게 무죄를 선고하여 주시기 바랍니다.

소명자료 및 첨부서류

1. 증 제3호증   목격자진술서
1. 증 제4호증   목격자진술서

○○○○ 년 ○○ 월 ○○ 일

위 피고인(항소인) : ○   ○   ○   (인)

전주지방법원 정읍지원 형사항소○부 귀중

항고장
항고 이유서

항 고 이 유 서

사 건 번 호 : ○○○○형제○○○○호　　명예훼손 등

고 소 인(항 고 인) : ○　　　　○　　　　○

피고소인(피항고인) : ○　　　○　　　○ 외1

○○○○ 년 ○○ 월 ○○ 일

위 고소인(항고인) : ○　　○　　○　　(인)

춘천지방검찰청 검사장 귀중

항 고 이 유 서

1.고 소 인(항 고 인)

성 명	○ ○ ○	주민등록번호	생략
주 소	춘천시 ○○로 ○○길 ○○, ○○○-○○○호		
직 업	상업	사무실 주 소	생략
전 화	(휴대폰) 010 - 9876 - 0000		
사건번호	○○○○형제○○○○호 명예훼손 등 고소인		

2.피고소인(피항고인)1

성 명	진 ○ ○	주민등록번호	생략
주 소	춘천시 ○○로 ○○, ○○○-○○○호		
직 업	기능직	사무실 주 소	생략
전 화	(휴대폰) 010 - 9124 - 0000		
사건번호	○○○○형제○○○○호 명예훼손 등 피고소인		

피고소인(피항고인)2

위 피고소인(피항고인)1. 2.에 대한 ○○○○형제○○○○호 명예훼손 등

성 명	이 ○ ○	주민등록번호	생략
주 소	춘천시 ○○로 ○○, ○○○-○○○호		
직 업	상업	사무실 주 소	생략
전 화	(휴대폰) 010 - 6764 - 0000		
사건번호	○○○○형제○○○○호 명예훼손 등 피고소인		

피의사건에 관하여 춘천지방검찰청 검사 ○○○은 ○○○○. ○○. ○○. 혐의 없음을 이유로 불기소처분결정을 한 바 있으나, 그 결정은 다음과 같은 이유에 의하여 부당하여 이에 항고를 제기합니다.

- 다 음 -

1. 불기소처분의 요지

가. 춘천지방검찰청 검사 ○○○은 ○○○○. ○○. ○○. 피고소인 (이하"피의자"라고만 하겠습니다) ○○○의 고소인(이하"피해자"라고만 줄여 쓰겠습니다) ○○○에 대한 명예훼손 혐의에 대하여 혐의 없음 처분(춘천지방검찰청 ○○○○형제○○○○호, 다음부터'불기소처분'이라만 하겠습니다)을 하였는데, 그 피의사실의 요지는 다음과 같습니다.

나, 피의자 진○○은 ○○지방경찰청 경무과 경무계 후생 반에 근무

하고 있는 기능직공무원인바,

(1) ○○○○. ○○. ○○. 사실은 피해자가 피의자 진○○을 강제로 연행하거나 협박, 감금한 적이 없음에도 불구하고, 피의자가 진○○에 대한 수사를 담당하던 피해자로 하여금 형사처분을 받게 할 목적으로, 춘천지방검찰 민원실에서'피해자가 ○○○○. ○○. ○○. 15:00경 피의자의 의사에 반하여 ○○지방경찰청 3층 다용도조사실로 데리고 간 후 피의자를 구속하겠다는 등 협박하여 조사하면서 같은 달 15. 01:30경까지 위 조사실에 감금하고 허위진술서를 작성하게 하였다'라고 허위사실을 기재한 고소장을 제출하여 피해자를 무고하고,

(2) ○○○○. ○○. ○○. 사실은 피해자가 피의자 진○○을 강제추행 한 적이 없음에도 불구하고, 피해자로 하여금 형사처분을 받게 할 목적으로, ○○○○. ○○. ○○. ○○지방경찰청 ○○층 화물엘리베이터 앞에서, 피해자가피의자 진○○의 젖가슴을 양쪽 손바닥으로 1회 만지면서 뒤로 밀치는 등 강제추행을 한 것'이라는 취지의 허위사실을 기재한 진정서를 제출하여 피해자를 무고하고,

(3) ○○○○. ○○. ○○. 및 ○○○○. ○○. ○○. 피해자를 비방할 목적으로,'피해자가 피의자를 조사하면서 이유도 설명해주지 않고 무조건 끌고 가서 욕설을 하며 추궁을 했고, 피해자가 두 손으로 자신의 가슴 부위를 정확하게 잡았다'라는 취지로 성명불상의 ○○○ 9시 뉴스기자와 인터뷰를 하여 ○○○○. ○○. ○○. 9시 ○○○ 뉴스에 인터뷰한 내용이 방송

되게 함으로써 공연히 허위의 사실을 적시하여 피해자의 명예를 훼손하고,

다, 피의자 이○○는 ○○지방경찰청 내에서 커피숍을 운영하는 자인 바,

(1) ○○○○. ○○. ○○. 피해자로 하여금 형사처분을 받게 할 목적으로, 사실은 피해자로부터 폭언을 듣거나 상해를 입은 사실, 명예훼손을 당한 사실이 없음에도 불구하고, ○○○○. ○○. ○○. 피해자가 전화상으로 심한 욕설과 폭언을 하였고, ○○○○. ○○. ○○. 피의자 이○○의 주거지에서 압수수색영장을 집행하던 피해자가 양쪽 손으로 자신을 밀쳐 넘어지게 하여 약 4주간의 치료를 요하는 상해를 가하고, 자신의 주변사람들에게 자신과 어떤 경찰관이 내연관계에 있는데 알고 있느냐는 등의 질문을 하여 명예훼손을 하였다'는 취지의 허위내용을 기재한 고소장을 제출하여 피해자를 무고하고,

(2) ○○○○. ○○. ○○. 피해자를 비방할 목적으로 '○○지방경찰청의 내부 제보자 색출과 관련하여 경찰에 의해 집을 압수수색 당했고, 체포영장까지 청구되었으며, 제보자가 아니라고 사실대로 말을 하였는데도 경찰관이 수차례 전화를 하여 폭언과 욕설을 해가며 다그쳤고, 특히 압수수색과정에서 경찰관이 폭행을 가하여 상해를 입었다'라는 취지로 ○○○ 기자와 인터뷰를 하여 ○○○○. ○○. ○○. 저녁9시 뉴스에 위

인터뷰 내용이 방송되게 함으로써 공연히 허위의 사실을 적시하여 피해자의 명예를 훼손한 것입니다.

라, 춘천지방검찰청 검사 ○○○은 위 사건을 수사한 후 ○○○○. ○○. ○○. 각 피의자들의 무고 및 출판물에 의한 명예훼손 혐의에 관하여 각 혐의 없음의 불기소처분을 하였습니다.

2. 사실관계

가, 피의자 진○○에 대한 불기소처분

(1) 무고의 점에 대한 불기소처분

(가) 대법원 판례에 의하면 무고죄에 있어서 허위사실의 신고라 함은 신고사실이 객관적 사실에 반한다는 것을 확정적이거나 미필적으로 인식하고 신고하는 것을 말하는 것이므로 객관적 사실과 일치하지 않는 것이라도 신고자가 진실이라고 확신하고 신고하였을 때에는 무고죄가 성립하지 않는다고 할 것이나, 여기에서 진실이라고 확신한다 함은 신고자가 알고 있는 객관적인 사실관계에 의하더라도 신고사실이 허위라거나 또는 허위일 가능성이 있다는 인식을 하지 못하는 경우를 말하는 것이지, 신고자가 알고 있는 객관적 사실관계에 의하여 신고사실이 허위라거나 허위일 가능성이 있다는 인식을 하면서도 이를 무시한 채 무조건 자신의 주장이 옳다고 생

각하는 경우까지 포함되는 것은 아니므로(대법원 2000. 7. 4. 선고 2000도1908판결) 무고혐의의 유무를 판단하기 위하여는 객관적 사실관계에 관한 충분한 수사가 요청됩니다.

(나) 수사결과

피해자가 ○○○○. ○○. ○○. 15:00경 고소 외 노○○와 함께 ○○경찰청 내 후생과 사무실을 방문하여 위 사무실에서 근무 중인 피의자 진○○을 ○○지방경찰청 3층 다용도조사실로 데리고 가 조사하고, 조사 중 피의자 진○○과 함께 위 후생과 사무실에 잠시 되돌아왔다가 다시 위 다용도조사실로 돌아가 같은 달 15. 새벽 1시경까지 조사를 계속한 사실이 있었습니다.

(다) 수사미진

1) ○○○○. ○○. ○○.자 고소

우선 피해자가 피의자 진○○을 그 의사에 반하여 동행하였는지 여부가 문제되는데, 판례에 의하면 임의동행에 있어서의 임의성의 판단은 동행의 시간과 장소, 동행의 방법과 동행거부의사의 유무, 동행 이후의 조사방법과 퇴거의사의 유무 등 여러 사정을 종합하여 객관적인 상황을 기준으로 하여야(대법원

1993. 11. 23.선고 93다35155판결) 하는바, 피해자는 ○○경찰청 내 후생과 사무실에서 근무 중인 피의자 진○○을 여경인 고소 외 노○○를 동행하고 방문하여 다용도조사실로 데려갔고, 피의자 진○○에 대한 조사에 걸린 시간은 조사내용 등을 고려할 때 통상 소요시간에 비하여 현저히 장시간은 아닌 것으로 보이므로 검사 ○○○으로서는 피의자 진○○이 동행거부 의사 또는 퇴거의사를 표시하였는지 여부와 관련하여 위 후생과 사무실에서 근무 중이던 다른 직원들을 직접 조사하는 등 동행 및 조사 당시의 정황을 보다 면밀히 검토하였어야 함에도 이에 대한 조사가 이루어지지 않았습니다.

한편, 피의자 진○○은 피해자의 핸드폰 사용을 금지하고 허위의 진술서를 작성하게 하는 등 권리행사를 방해하였으며, 조사과정에서 피해자로부터 폭행을 당하였다는 취지로 피해자를 고소하였는바, 피해자의 피의자 진○○에 대한 조사에 참여한 고소 외 노○○는 그러한 사실이 없다고 진술하고 있고 당시의 조사녹화동영상에도 폭행 등이 드러나지 않으므로 검사 ○○○으로서는 피의자 진○○을 직접 조사하여 고소경위 및 위 녹화동영상에 기록되지 아니한 조사시간의 조사방법, 정황에 관하여 구체적인 진술을 확보하거나 분석하고, 조사가 이루어진 다용도조사실을 드나든 경찰관 및 대질신문을 받은

참고인에 대하여 보다 적극적인 수사를 하였어야
함에도 전혀 조사가 이루어지지 않았습니다.

2) ○○○○. ○○. ○○.자 고소

피의자 진○○은 다용도조사실에서 조사를 받다가
잠시 후생과 사무실로 돌아가던 중 피해자가 가혹
행위를 하였다는 취지로 피해자를 고소하였는바, 조
사실 녹화동영상에 의하면 피의자 진○○에 대한
조사 시 입회한 고소 외 노○○가 피의자 진○○과
피해자는 조사실을 떠날 때와 들어올 때 각 동행한
것으로 보이고, 고소 외 노○○는 가혹행위는 없었
다고 진술하고 있으므로 검사 ○○○으로서는 피의
자 진○○을 직접 조사하여 피의자 진○○이 감금
등 혐의로 피해자를 고소한 이후 추가로 가혹행위
혐의에 관한 고소를 하게 된 경위를 조사하고, 또한
위 후생과 사무실에 근무하는 직원들에 대한 직접
조사를 통하여 고소 외 노○○가 위 사무실까지 동
행하였는지 여부 및 위 사무실에 돌아왔을 당시의
피의자 진○○의 태도 등에 관하여 보다 적극적인
수사를 하였어야 함에도 이 부분에 대한 조사가 전
혀 이루어지지 않았습니다.

3) 소결론

검사 ○○○은 위와 같이 수사가 미진한 상태에서 법리를 오해하여 혐의 없음의 불기소처분을 한 것으로 보이므로 다시 철저한 재수사를 하여야 할 것입니다.

(2) 명예훼손의 점에 대한 불기소처분

검사 ○○○은 피의자 진○○의 고소내용이 사실이라는 전제에서 비방의 목적이 인정되지 않는다거나, 공익적 목적으로 위법성이 조각된다고 판단하였으나, 위에서 살핀 바와 같이 피의자 진○○의 고소내용이 사실인지 여부에 관하여 추가 수사가 필요한 이상 명예훼손의 점에 관한 검사 ○○○의 판단 역시 수사미진 및 법리오해로 인한 것으로서 재기수사가 이루어져야 할 것입니다.

나, 피의자 이○○에 대한 불기소처분

(1) 무고의 점에 대한 불기소처분

(가) 수사결과

피해자는 피의자 이○○를 수사하던 중 고소 외 소○○, 이○현을 동행하고 피의자 이○○의 집에 대한 압수·수색을 실시하였고, 압수·수색 중 피의자 이○○가 쓰러져 119구급대원들이 출동하였으나 압수·수색은 중단되지 아니하였으며, 위 압수·수색 당시 피의자 이○○의 남편 고소 외 홍○○도 함께 있었던 사실이 인정됩니다.

(나) 수사미진

피의자 이○○는 피해자가 자신을 수사하면서 자신과 자신의 지인들에게 전화를 걸어 자신의 명예를 훼손하는 발언을 하였고, 피해자가 자신의 집에 대한 압수·수색을 할 당시 피해자로부터 폭행을 당하여 쓰러졌다는 취지로 피해자를 고소하였는바, 우선 명예훼손 혐의와 관련하여 피해자는 피의자 이○○의 지인들과의 통화를 한 사실이 전혀 없고 피해자의 동료경찰인 고소 외 이○진은 핸드폰실사용자 확인 등을 위하여 자신이 통화한 것이라 진술한 바 있으므로 검사 ○○○으로서는 피해자가 피의자 이○○ 등의 전화사용내역을 구체적으로 검토하고, 전화를 받은 피의자의 지인들에 대한 직접 조사를 통하여 명예훼손 사실 여부를 확인하였어야 함에도 전혀 이 부분의 조사가 이루어지지 않았습니다.

폭행혐의와 관련하여 피해자는 피의자 이○○를 폭행한 사실이 전혀 없고, 압수·수색 당시 피해자와 동행하였던 고소 외 소○수, 이○현은 피의자 이○○가 혼자 넘어진 것이라는 취지로 진술하고 있으므로 검사 ○○○으로서는 피의자 이○○가 쓰러진 후의 증상, 압수·수색이 계속된 이유 등에 관하여 고소 외 홍○○과 당시 출동한 구급대원들에 대하여 보다 적극적으로 수사하여 폭행사실 여부를 확인하고 사실이 아닌 경우에는 피의자 이○○의 고소가 단순한 정황의 과장이나 법리오해 등으로 인한 것인지 여부를 검토하였어야 함에도 조사 자체를 하지 않았습니다.

위와 같이 피의자 이○○의 고소사실이 객관적 사실에 반하는지 여부에 관한 수사가 미진한 상태에서 검사 ○○○이 피의자 이○○의 무고혐의에 관하여 혐의 없음의 불기소처분을 한 것은 부당하다 아니할 수 없습니다.

(2) 명예훼손의 점

검사 ○○○은 피의자 이○○의 고소내용이 사실이라는 전제에서 비방의 목적이 인정되지 않는다거나, 공익적 목적으로 위법성이 조각된다고 판단하였으나, 위에서 살핀 바와 같이 피의자 이○○의 고소내용이 사실인지 여부에 관하여 절대적으로 추가 수사가 필요한 이상 명예훼손의 점에 관한 검사 ○○○의 불기소처분 역시 수사미진, 법리오해로 인한 부당한 결정입니다.

3. 결론

이제 고등검찰청에서 고소인(항고인)의 항고이유에 귀 기울여 실체적 진실을 밝혀 피의자 진○○, 피의자 이○○을 엄벌에 처할 수 있게 즉각적이고도 철저한 재기수사의 명을 내려 주시기 바랍니다.

소명자료 및 첨부서류

1. 증 제4호증   고소장
1. 증 제5호증   진정서

○○○○ 년 ○○ 월 ○○ 일

위 고소인(항고인) : ○ ○ ○   (인)

춘천지방검찰청 검사장 귀중

항 고 이 유 서

사 건 번 호 : ○○○○형제○○○○호   무고

고 소 인(항 고 인) : ○   ○   ○

피고소인(피항고인) : ○   ○   ○

○○○○ 년 ○○ 월 ○○ 일

위 고소인(항고인) : ○   ○   ○   (인)

청주지방검찰청 검사장 귀중

항 고 이 유 서

1.고 소 인(항 고 인)

성 명	이 ○ ○	주민등록번호	생략
주 소	청주시 ○○구 ○○로 ○○길 ○○, ○○○호		
직 업	상업	사무실 주 소	생략
전 화	(휴대폰) 010 - 2345 - 0000		
사건번호	○○○○○형제○○○○호 무고고소 고소인		

2.피고소인(피항고인)

성 명	○ ○ ○	주민등록번호	생략
주 소	대구광역시 ○○구 ○○로 ○○, ○○○-○○○호		
직 업	무직	사무실 주 소	생략
전 화	(휴대폰) 010 - 1277 - 0000		
사건번호	○○○○○형제○○○○호 무고고소 피고소인		

위 피고소인(피항고인)에 대한 ○○○○형제○○○○호 무고 피의사건에 관

하여 청주지방검찰청 검사 ○○○은 ○○○○. ○○. ○○. 혐의 없음을 이

유로 불기소처분결정을 한 바 있으나, 그 결정은 다음과 같은 이유에 의하여 부당하여 이에 항고를 제기합니다.

- 다 음 -

1. 불기소처분

가. 청주지방검찰청 검사 ○○○은 ○○○○. ○○. ○○. 피고소인(이하"피의자"라고만 하겠습니다) ○○○의 고소인(이하"피해자"라고만 줄여 쓰겠습니다) ○○○에 대한 사기 혐의에 대하여 증거불충분 혐의 없음 처분(청주지방검찰청 ○○○○형제○○○○호, 다음부터'불기소처분'이라만 하겠습니다)을 하였는데, 그 피의사실의 요지는 다음과 같습니다.

나, 고소 외 ○○○은 ○○○○. ○○. ○○. 피해자와 피해자의 딸인 고소 외 ○○○, 사위인 고소 외 ○○○을 회사자금 편취 등 사기혐의로 고소하였는바, 피해자와 피해자의 사위에 대하여는 혐의 없음의 불기소처분이 내려졌고, 피해자의 딸은 기소되었으나, 그 사건에서 피해자가 허위사실의 고소라고 주장하는 사기 부분(회사자금 편취)에 대해서는 무죄가 확정되었습니다.(대법원 2007. 5. 11.선고 2006도1309판결).

다, 피해자는 고소 외 박○○, 김○○(이하'피고소인 박○○, 김○○'이라 하겠습니다)이 공모하여, 사실은 피해자가 주식회사 ○○의 자금을 편취한 사실이 없음에도 불구하고 피해자로 하여금 형사

처분을 받게 할 목적으로" 피해자와 피해자의 딸인 고소 외 김○옥, 사위인 고소 외 김○창은 공모하여, 재산적 가치가 없는 허위의 재산권 각서를 마치 진정한 것인 것처럼 거짓말하며 담보로 제공하고 금원을 차용해 달라고 하여 이에 속은 피고소인 박○선으로 하여금 회사 자금 3억 5,000만 원을 피해자의 계좌로 송금하게 함으로써 동액 상당을 편취하였으니 처벌하여 달라"는 내용의 허위사실을 기재한 고소장을 작성·제출하여 피해자를 무고하였다는 취지로 피고소인을 고소하였습니다.

라, 검사 ○○○은 위 사건을 수사한 후 ○○○○. ○○. ○○. 피의자의 무고 혐의에 관하여 각 혐의 없음의 불기소처분을 하여 그에 불복하여 검찰청법에 정하여진 절차에 따라 항고를 제기한 것입니다.

2. 항고의 요지

가. 피의자에 대한 불기소처분

피의자는 주식회사 ○○의 대표이사로서 ○○○○. ○○. ○○. 오후 위 회사의 자금 3억 5,000만원을 그 전날 개설된 피해자 명의의 계좌로 이체하였는바, 피해자의 딸인 고소 외 김○옥과 피의자는 같은 날 오후 은행으로 함께 가 피해자의 계좌에서 먼저 5,000만 원을 현금으로 인출하여 피의자가 이를 가지고 떠났으며, 그 후 고소 외 김○옥이 3억 원을 피의자의 주택구입을 위하여 중도금을 지급해야 할 고소 외 이○자의 계좌로 이체하였습니다.

나, 사실관계

(가) 피의자에게 무고혐의가 인정되는지의 문제는'고소사실이 객관적으로 진실에 반하는 허위사실인지, 피의자가 그와 같은 점을 인식하였는지'에 달려있습니다.

(나) 피의자는 고소 외 김○옥이 재산권각서를 보이면서 이를 담보로 주식회사 ○○의 자금 3억 5,000만원을 빌려 달라고 요구하여 빌려주었으나, 위 재산권각서는 재산적 가치가 없는 것이었다며, 피해자 명의의 계좌에 위 돈이 입금되었으므로 피해자와 고소 외 김○옥은 공모하여 회사자금을 편취한 것이 사실이라고 주장하고, 피해자는 피해자의 딸인 고소 외 김○옥이 피의자로부터'주택구입자금의 융통을 위하여 필요하니 재산권각서와 명의를 빌려 달라'는 요청을 받고 피해자 명의의 계좌를 개설하여 회사 자금을 입금 받아 피의자에게 지급하였으므로 피의자가 회사자금의 실제 차용주체이고, 피해자에 대한 고소는 허위사실의 고소라고 주장하고 있습니다.

(다) 이 사건의 경우, 문제된 고소내용과 관련하여 피해자에 대한 혐의 없음의 불기소처분 및 고소 외 김○옥에 대한 무죄판결이 이미 이루어졌으므로 객관적으로 고소내용이 진실이라고 보기 어렵다는 점입니다.

주식회사 ○○의 자금의 흐름에 비추어보면 실제로 자금이 필요했던 것은 고소 외 김○옥이 아니라 피의자이기 때문에 피의자는 고소내용이 진실에 반한다는 점을 인식하고 있었을 가능성이 높습니다.

피의자와 고소 외 김○옥 사이의 채권·채무·기타 거래관계 및 고소 외 김○옥이 주식회사 ○○의 자금을 차용하여서라도 피의자에게 채무를 변제하여야 할 사정이 있었는지 여부에 관하여 위 (나)항과 같이 당사자의 진술이 엇갈리며, 피해자의 계좌개설 참여 등 자금 차용 관여 여부 및 그에 관한 피의자의 인식 여부도 명확하지 아니하다는 것입니다.

그러므로 검사 ○○○○은 고소 외 김○옥의 회사자금 차용동기, 피의자와 고소 외 김○옥 사이의 채권·채무관계 및 변제기, 피의자의 주택구입 경위 및 대금 지불관계, 피해자 명의의 통장 개설경위 등을 구체적으로 밝혀 피의자의 무고행위가 있었는지에 대하여 실체적 진실을 발견하기 위한 더 적극적인 수사를 하였어야 했습니다.

결국 검사 ○○○은 진정 중요한 사항에 대하여 전혀 수사를 다하지 아니한 잘못으로 인하여 자의적인 불기소처분에 이른 것이라 아니할 수 없습니다.

3. 결론
이제 고등검찰청에서 고소인의 항고이유에 귀 기울여 실체적 진실을 밝혀 피의자 ○○○을 엄벌에 처할 수 있게 즉각적이고도 철저한 재기수사의 명을 내려 주시기 바랍니다.

소명자료 및 첨부서류

1. 증 제4호증   통장사본
1. 증 제5호증   현금인출내영서

○○○○ 년 ○○ 월 ○○ 일

위 고소인(항고인) : ○   ○   ○   (인)

청주지방검찰청 검사장 귀중

항 고 이 유 서

사 건 번 호 : ○○○○형제○○○○호   업무상횡령 등

고 소 인(항 고 인) : ○   ○   ○

피고소인(피항고인) : ○   ○   ○

○○○○ 년 ○○ 월 ○○ 일

위 고소인(항고인) : ○   ○   ○   (인)

춘천지방검찰청 검사장 귀중

항 고 이 유 서

1.고 소 인(항 고 인)

성 명	○ ○ ○	주민등록번호	생략
주 소	춘천시 ○○로 ○○길 ○○, ○○○-○○○호		
직 업	상업	사무실 주 소	생략
전 화	(휴대폰) 010 - 9876 - 0000		
사건번호	○○○○형제○○○○호 업무상횡령 등 고소인		

2.피고소인(피항고인)

성 명	○ ○ ○	주민등록번호	생략
주 소	춘천시 ○○로 ○○, ○○○-○○○호		
직 업	무직	사무실 주 소	생략
전 화	(휴대폰) 010 - 6676 - 0000		
사건번호	○○○○형제○○○○호 업무상횡령 등 피고소인		

위 피고소인(피항고인)에 대한 ○○○○형제○○○○호 업무상횡령 피의사
건에 관하여 춘천지방검찰청 검사 ○○○은 ○○○○. ○○. ○○. 혐의 없

음을 이유로 불기소처분결정을 한 바 있으나, 그 결정은 다음과 같은 이유에 의하여 부당하여 이에 항고를 제기합니다.

- 다 음 -

1. 불기소처분의 요지

가. 춘천지방검찰청 검사 ○○○은 ○○○○. ○○. ○○. 피고소인 (이하"피의자"라고만 하겠습니다) ○○○의 고소인(이하"피해자"라고만 줄여 쓰겠습니다) ○○○에 대한 업무상횡령 혐의에 대하여 혐의 없음 처분(춘천지방검찰청 ○○○○형제○○○○호, 다음부터'불기소처분'이라만 하겠습니다)을 하였는데, 그 피의사실의 요지는 다음과 같습니다.

나, 피의자는 ○○○○. ○○. ○○.부터 ○○○○. ○○. ○○.까지 사이에 쌀 배달을 가면서 반품에 대비한다는 명목으로 매번 쌀 10포 내지 15포대를 더 싣고 나가 이를 피해자를 위하여 업무상 보관하다가 이를 처분하는 방법으로 569회에 걸쳐 합계 367,005,000원 상당의 쌀을 함부로 처분하여 이를 횡령하고,

다, 피의자는 ○○○○. ○○. ○○.부터 ○○○○. ○○. ○○.까지 사이에 쌀 배달 차량인 피해자 소유의 ○○너○○○○호 및 ○○ 거○○○○호 각 화물차에 주유하면서 실제로 주유한 유류의 양보다 많은 양을 주유한 것처럼 가장하는 방법으로 그 차액 19,405,624원을 피해자에게 청구하여 업무상 보관하다가 임의로

소비하여 이를 횡령하고,

라, 피의자는 ○○○○. ○○. ○○.부터 ○○○○. ○○. ○○.까지 사이에 약 30회에 걸쳐 피의자가 씹던 껌을 피해자 소유의 쌀 도정기계 안에 부착하여 쌀에서 이물질이 나오게 하는 방법으로 거래처로부터 거래한 쌀이 반품되게 하는 등으로 위계로써 피해자의 정미소 영업업무를 방해하였습니다.

다. 춘천지방검찰청 검사 ○○○은 피의자에 대하여 증거불충분으로 불기소처분을 하고 말았습니다.

2. 항고이유

가. 유류대금에 대한 업무상횡령[1.가.(2)] 부분

(1) 위 죄의 성립여부를 판단하기 위하여는 피의자가 실제로 각 화물차에 주유한 유류대금보다 더 큰 금액을 피해자의 카드로 결제하고 그 차액을 횡령하였는지를 가려야 합니다.

(2) 이에 대하여 피의자는 금액의 차이는 자신의 출퇴근용 차량의 유류비도 피해자를 보조하기로 하였고, 통상주입량보다 더 많은 금액을 카드 결제한 것은 외상으로 하기로 한 부분 때문이라는 취지로 주장하며 주유소 사장인 참고인 고소 외 ○○○도'자신은 피의자에게 소위 카드깡을 해준 사실이 없고 주유기에 주유량이 모두 체크되므로 주유소 직원들이 모두

공모하지 않으면 구조적으로 카드깡을 할 수 없으며 다만 통상주입량보다 더 많은 금액을 카드결제한 부분이 몇 번 있는데 이는 그 전에 외상으로 연료를 주입하고 카드로 결제한 것으로 카드깡을 한 것이 아니라는 취지로 진술하고 있어 피의자의 진술에 부합합니다.

(3) 그리고 검사 ○○○도 주유대금장부사본 및 차 기름소모, 카드사용금액 등이 비교적 소액으로 되어 있어 피의자의 변명에 부합하고, 통상 연료비를 계산함에 있어 차량의 연식, 주행거리, 도로상황, 적재화물의 중량, 냉방기가동여부 등 여러 가지 사정으로 달라질 수 있음에도 피해자가 그에 대한 고려 없이 일률적으로 연식, 주행거리와 유류대금만을 기준으로 연료비를 계산한 것이므로 이를 그대로 믿을 수 없고 한편 피의자가 연료비의 일부를 착복하였다고 하더라도 이를 밝혀 낼 방법이 없다는 이유로 더 이상의 조사 없이 불기소처분을 하고 말았습니다.

(4) 그러나, 참고인 고소 외 ○○○은 피의자와 거의 항상 같이 배달을 다니면서, 피의자가 차에 기름이 있는데도 항상 기름을 넣으러 ○○주유소를 들렀다고 진술하고 있습니다.(수사기록 3권 802면)

여러 가지 구체적 의문을 표시하고 있고(또한 피의자는 ○○○○. ○○. ○○.부터 ○○○○. ○○. ○○.까지 주유소를 운영한 적이 있어 주유소의 운영방식 등에 익숙할 것으로 추

측됩니다.(수사기록 2권 101면),

(5) 검사 ○○○이 불기소이유에서 들고 있는 주유대금장부사본, 카드사용금액 등이 비교적 소액으로 되어 있다는 점이 과연 피의자의 주장에 어떻게 부합한다는 것인지 알 수 없습니다.

그렇다면 검사 ○○○으로서는 유류대금에 관련하여 최소한 참고인 고소 외 ○○○과 주유소의 관련자에 대한 정밀한 조사, 피해자가 출퇴근차량유류비를 부담하기로 하였는지 여부, 주유소 외상장부 존재여부, 특정 배달의 거리 등에 따른 연료비 추산 등에 의한 적극적 조사를 통하여 신용카드를 이용한 업무상횡령행위가 이루어진 적이 있었는지 여부를 밝혀내려는 시도를 하였어야 하지만 전혀 조사를 하지 않은 채 성급하게 불기소처분을 한 것은 중대한 수사미진의 잘못이 있다 할 것입니다.

나. 업무방해[1.가.(3)] 부분

(1) 위 죄의 성립여부를 판단하기 위하여는 적어도 피의자가 ○○○○. ○○. ○○.부터 ○○○○. ○○. ○○.까지 사이에 약 30회에 걸쳐 씹던 껌을 피해자 소유의 쌀 도정기계 안에 부착하였는지 여부를 증거에 의하여 가려야 합니다.

(2) 우선 피의자는 도정기계 안에 껌을 넣은 적이 전혀 없고 쌀에 섞여 나온 이물질은 도정기의 로라 부분이 녹아서 껌처럼

배출된 것이라고 주장하고 있으나, 참고인 고소 외 이○우가 '피의자가 ○○○○. ○○. ○○. 정미소를 그만둔 이후에도 한 달 평균 약 2-3회 정도는 이물질이 나와 골라버렸다'는 취지로 진술(수사기록 1권 68, 69면)하고 있습니다.

수사기록에 이미 첨부된 피해자의 평벨트 사진(수사기록 1권 260쪽)의 영상에 의하면, 벨트가 매우 닳아있고, 그 표면 및 벨트 내부에 이물질이 끼어 있는 것이 확인되는 점, 검찰주사보 작성의 수사보고(동일벨트 직원 진술청취보고, 수사기록 1권 251쪽)의 기재내용에 의하면, 도정기계에 사용되는 면벨트 속에는 고무성질의 재질이 들어 있고, 어지간해서는 벨트가 잘 닳지 않고 벨트속의 접착제가 베여 나오지 않지만, 오래 사용하여 벨트가 낡으면 벨트 표면 밑에 고무 재질이 조금 베여 나올 수 있다고 하는 점(수사기록 1권 251면) 등이 그 주장에 부합한다고 판단을 했습니다.

(3) 그리고 검사 ○○○도 참고인 고소 외 이○우, 김○식은 피의자가 그만둔 ○○○○. ○○. ○○. 이후에도 계속하여 그러한 이물질이 나오고 있다고 진술하고 있어 피의자가 껌을 버렸기 때문에 그러한 이물질이 나왔는지에 대한 인과관계를 인정하기 어렵고, 한편 참고인 고소 외 남○섭, 이○우는 피의자가 껌을 버리는 것을 보았다고 진술하면서도 그 시기에 대해서는 달리 진술하고 있어 위 참고인들의 진술을 그대로 믿기 어려우며, 국립과학수사연구소의 감정결과 이물질의 주성분이 천연고무와 탄산칼슘의 혼합물이라는 것인데 이는 껌

의 주성분일 뿐 아니라, 벨트, 접착제 등의 성분이기도 하여 이물질이 껌으로 인한 것인지도 믿기 어렵다는 내용기재를 이유로 불기소처분을 하고 말았습니다.

(4) 그러나 검사 ○○○의 주장 내지 판단은 기록에 의하여 인정되는 다음의 점들과 일치하지 않습니다.

(가) 참고인 고소 외 남○섭은 ○○○○. ○○. ○○. 쌀을 도정하러 갔다가 이○우가 있는데도 피의자가 무엇인가를 쌀을 넣는 승강구에 던져 넣자 이○우가 '왜 껌을 넣느냐'라고 하였더니 피의자가 '우리 쌀도 아닌데 뭘 그러느냐'라고 하였는데(수사기록 1권 59면), 둘 다 가만히 있기에 자신도 기분은 나빴으나 피해자를 봐서 아무소리 하지 아니하였다.(2005. 11. 19.자 확인서, 수사기록 1권 15면)고 진술하고 있습니다.

(나) 참고인 고소 외 이○우는 ○○○○. ○○. ○○. 한번, 9. 하순경 한번 피의자가 껌을 2~3회 던져 넣는 것을 보았는데 피의자는 두 번 모두 술에 좀 취한 상태이었고, 자신이 넣지 말라고 해도 그냥 넣었는데 피해자와 피의자가 동업을 한다하기에 이런 이야기를 피해자에게 해 분란을 일으킬 필요가 없다고 보아 이야기하지 아니하였다고 하다가, 잠시 후 좀 더웠던 9월 하순경까지 30회 정도 껌을 넣는 것을 보았는데 주변에 다른 사람이 있었는지는 잘 기억이 없지만 한번은 조금 더울 때

도정하러 온 사람이 왜 그런 걸 넣느냐고 하는 것을 들은 적이 있다고 진술한다.(수사기록 1권 64 내지 67면)[기록에 의하면, 남○섭은 자신이 목격한 일시를 근거를 제시하면서 특정하는 반면 이○우의 진술은 결국 상당 횟수 목격하여 그 일시를 모두 특정할 수 없되 더울 때 본 기억이 많다는 취지로 이해할 수 있고, 특히 이○우는 10-12월은 너무 바빠서 정확한 날짜를 기억 못하므로 한 30번 정도라고 진술하였다며(2006. 6. 26.자 녹취록, 수사기록 1권 633면) 그 진술의 의미를 설명하면서 목격 당시 주고받은 대화내용도 기억하고 있는 점 등에 비추어, 이 부분에 대한 보강조사 없이 단순히 남○섭과 이○우의 진술에 나타난 목격시기의 차이만 가지고 각 진술의 신뢰성을 배척하는 것은 부당합니다.].

(다) 참고인 김○식도 ○○○○. ○○. ○○. 오전 9시경 이○우와 함께 도정작업을 하던 중 술에 취한 피의자가 씹던 껌을 도정기계 안에 넣는 것을 약 2m 옆에서 본 적이 있고, 그 외에 ○○○○. ○○. ○○. 오전 및 오후 경 이○우와 함께 있을 때도 보았으며, ○○○○. ○○. ○○. 오전 및 오후 경에 혼자 본 것을 포함하여 총 7회 정도 보았다.(수사기록 1권 86, 87면)고 진술하고 있습니다.

(라) 참고인 임○수(○○정미소 운영)는 10년 이상 피해자의 도정기계를 수리해 왔고, ○○○○. ○○. ○○. 피해자

의 정미소 내 석발기 3개, 평벨트 4군데를 교체해준 적이 있는데, 벼의 껍데기를 벗겨 내는 역할을 하는 로라 부분은 교체하지는 않았으며, 그 부분을 해체하는 것은 어려운 일이므로 해체해 보지는 않았으나 위 평벨트를 교체할 때 보니 벨트 사이가 벌어져 있고 그 속에 끈적한 물질이 있어 일부 쌀이 뭉쳐서 나오기도 한 것으로 보아 누군가가 껌을 통째로 기계 안에 넣은 것으로 생각되고, 로라에 코팅된 우레탄은 관리만 잘하면 마모가 잘되지 않기 때문에 그로 인하여 이물질이 나오지는 않았을 것이라고 진술하고 있습니다.(수사기록 1권 256면).

(마) 국립과학수사연구소의 감정서(수사기록 3권 783 이하)의 기재내용에 의하면, 피해자가 제출한 감정물은 껌의 주성분인 천연고무와 탄산칼슘이 혼합된 물질로 타액반응은 검출되지 아니하였다고 기재되어 있다(단, 검찰주사보 박○화 작성의 수사보고에 의하면, 위 감정서 작성자인 오○진에게 재문의 한 결과 천연고무와 탄산칼슘 혼합물질이 곧바로 껌이라고는 단정할 수 없다고 한다. 수사기록 1권 262면).

(5) 그러므로 이를 종합하여 살펴보면

첫째, 피의자가 껌을 넣는 것을 보았다는 참고인들 진술은 다소 시간적인 불일치가 있기는 하여도 전체적으로 구체적인 직접 목격 증거인데 검사 ○○○은 특히 제3자의 입장에서 이루어진 남○섭, 임○수의 진술(특히 임○수는 기술적인 측

면까지 고려하여 진술하고 있습니다)을 배척한 것은 쉽사리 이해하기 어렵습니다.

둘째, 이물질이 껌으로 보인다(껌의 성분과 같다)는 취지의 국립과학수사연구소의 감정결과를 검찰주사보의 수사보고(벨트회사 직원과의 통화, 인터넷 검색 등)만으로 배척하는 것이, 피의자가 주장하는'로라'의 성분이 과연 껌의 성분과 같은 지에 대한 과학적 확인 없이 가능하지 의문입니다.

셋째, 피의자가 정미소를 그만 둔 후에도 이물질이 계속 나온 점은 피의자의 주장에 대한 강한 뒷받침이 될 수 있으나 이는 로라의 성분에 대한 수사가 이루어진 후에 판단되어야 할 것으로 보이고, 그러한 조사 없이 막연히 위와 같은 사실이 있다는 점 만으로 피의자의 업무방해 혐의를 부인하기에는 턱 없이 부족합니다.

결국 검사 ○○○의 이 부분 판단은 쉽사리 납득하기 어려울 뿐 아니라 이 부분에 대한 불기소처분은 그 결정에 영향을 미친 중대한 수사미진의 잘못이나 자의적 판단에 기인한 것이라 할 것입니다.

3. 결론

그렇다면, 검사 ○○○이 ○○○○. ○○. ○○. 춘천지방검찰청 ○○○○형제○○○○호 사건에 관하여 한 불기소처분 중 피의자의 유류대금에 대한 업무상횡령의 점과 업무방해의 점에 대하여 한 불기소처분은 이제 고등검찰청에서 고소인의 항고이유에 귀 기울여 실체적 진실을 밝혀 피의자 ○○○을 엄벌에 처할 수 있게 즉각적이고도 철저한 재기수사의 명을 내려 주시기 바랍니다.

소명자료 및 첨부서류

1. 증 제4호증   목격자진술서

○○○○ 년 ○○ 월 ○○ 일

위 고소인(항고인) : ○   ○   ○   (인)

춘천지방검찰청 검사장 귀중

항 고 이 유 서

사 건 번 호 : ○○○○형제○○○○호   자본시장법위반

고 소 인(항 고 인) : ○   ○   ○

피고소인(피항고인) : ○   ○   ○

○○○○ 년 ○○ 월 ○○ 일

위 고소인(항고인) : ○ ○ ○   (인)

전주지방검찰청 검사장 귀중

항 고 이 유 서

1.고 소 인(항 고 인)

성 명	○ ○ ○	주민등록번호	생략
주 소	전주시 ○○구 ○○로 ○○길 ○○, ○○○호		
직 업	상업	사무실 주 소	생략
전 화	(휴대폰) 010 - 2345 - 0000		
사건번호	○○○○형제○○○○호 자본시장법위반		

2.피고소인(피항고인)

성 명	○ ○ ○	주민등록번호	생략
주 소	대구광역시 ○○구 ○○로 ○○, ○○○-○○○호		
직 업	무직	사무실 주 소	생략
전 화	(휴대폰) 010 - 1277 - 0000		
사건번호	○○○○형제○○○○호 자본시장법위반		

위 피고소인(피항고인)에 대한 ○○○○형제○○○○호 자본시장법위반 피의사건에 관하여 전주지방검찰청 검사 ○○○은 ○○○○. ○○. ○○. 혐의

없음을 이유로 불기소처분결정을 한 바 있으나, 그 결정은 다음과 같은 이유에 의하여 부당하여 이에 항고를 제기합니다.

- 다 음 -

1. 불기소처분의 요지

가. 고소인은 주식회사 ○○에너지(다음부터'○○에너지'라 한다)의 주주로서 ○○○○. ○○. ○○."○○에너지의 대표이사이자 신고업무담당이사인 ○○○가 ○○○○. ○○. ○○.부터 ○○○○. ○○. ○○.까지 4회에 걸쳐 증권신고서를 금융감독원에 제출하면서 중요사항에 관하여 거짓으로 기재하거나 중요사항을 기재하지 아니함으로써'자본시장과 금융투자업에 관한 법률'(다음부터'자본시장법'이라 한다)을 위반하였다."는 혐의로 피고소인 ○○○을 고소하였습니다.

나, 검사 ○○○은 피고소인을 수사한 뒤 ○○○○. ○○. ○○. 혐의없음(증거불충분)의 불기소처분을 하였습니다.(전주지방검찰청 ○○○○형제○○○○호).

2. 사실관계

가, ○○○○년경부터 영화, 공연 등 엔터테인먼트 사업을 운영하여 오던 ○○엔터테인먼트 주식회사(이하'○○엔터테인먼트'라고만 합니다)는 ○○○○. ○○. ○○. 임시주주총회를 열어 새로운 사업목적으로 '대체 에너지 관련사업 및 연구, 제조 판매업'등을 정관에 추가하고, 회사명을 '○○에너지'로 변경하였으며, 피고소인을 대표이사로 선임하였습니다.

위 임시주주총회를 전후로 인터넷 매체에서는 ○○에너지의 신규 사업 중 자력기반의 동력시스템 사업 및 임원 변경에 관한 사항이 보도되었습니다.

나, 주식회사 ○○(다음부터 '○○'라 한다)는 보안 관련 영상이미지를 구축하는 센서에 대한 기술을 보유하고 있는 기업입니다.

○○에너지는 유상증자를 통하여 ○○의 인수자금을 확보하고자, ○○○○. ○○. ○○. 기명식 보통주 3천만 주를 주당 500원, 모집총액 150억 원으로 정하여 발행할 것을 결의하였습니다.

○○에너지는 유상증자를 추진하는 과정에서 ○○○○. ○○. ○○. 자본시장법 제119조 제1항에 따른 증권신고서를 작성하여 제출하였고, ○○○○. ○○. ○○. 및 ○○○○. ○○. ○○. 자금의 사용목적 등을 일부 변경하는 정정신고서를 제출하여 최종 수리되었습니다.

다, 위 증권신고서와 정정신고서에 따르면, ○○에너지의 최대주주는 ○○개발 주식회사(다음부터 '○○개발'이라고 합니다.)였는데, ○○개발이 ○○○○. ○○. ○○. 주식회사 ○○에셋(다음부터 '○○에셋'이라고만 하겠습니다)에 주식 4,842,768주를 양도함으로써

○○에셋이 최대주주로 변경되었습니다. 또한 ○○개발은 위 주식 양도와 별도로 ○○○○. ○○. ○○.개인 투자자 20명에게 주당 668원에 전환사채 액면가 총 200억 원을 매각하였고, 그 전환사채 중 ○○○○. ○○. ○○. 기준으로 25,157,220주가 상장되었습니다. 또 위 증권신고서에는 ○○에너지와 ○○ 양사의 경영진과 최대주주(특수관계인 포함) 및 주요주주는 자본시장법상 특수관계자에 해당되지 않고, 상호간 금전거래·담보 및 보증 제공·기타 이면약정 등의 사항이 없다는 취지 및 ○○에너지는 ○○의 주 사업인 센서 관련 사업 외에 다른 신규사업에 대한 계획은 없다는 취지 등이 기재되어 있습니다.

라, ○○에너지는 증권신고서가 수리되자 유상증자를 시도하였으나 전액 미 청약으로 실패하였습니다. ○○에너지는 제3자 공모를 통하여 추가로 100억 원 규모의 운영자금을 조달하기로 결의하였으나, ○○○○. ○○. ○○. 추가로 제출한 증권신고서에 대하여 금융감독원으로부터 문제점을 지적받자, ○○○○. ○○. ○○. 유상증자를 철회하였습니다.

마, 피고소인은 4회에 걸쳐 증권신고서 및 정정신고서를 제출하면서, '당사의 대표이사 및 신고업무담당이사로서 이 공시서류의 기재내용에 대해 상당한 주의를 다하여 직접 확인·검토한 결과, 중요한 기재사항의 기재 또는 표시의 누락이나 허위의 기재 또는 표시가 없고, 이 공시서류에 표시된 기재 또는 표시사항을 이용하는 자의 중대한 오해를 유발하는 내용이 기재 또는 표시되지 아니하였음을 확인합니다.','당사는 주식회사의 외부감사에 관한 법률 제2조의2 및 제2조의3의 규정에 따라 내부회계관리제도를 마련하여 운영하고 있음을 확인합니다.'라고 기재된 확인서에 서명하였습니다.

바, 그런데 ○○○○. ○○. ○○. ○○에너지에 대한 재무제표 감사결과, 전임 대표이사 ○○○ 및 주식회사 ○○월드에 대한 대여금 관련 내부통제가 없고 자금지출과 관련된 자료 등을 감사인에게 제시하지 못하였다는 사유로 '의견거절'되었고, 이에 따라 ○○에너지는 ○○○○. ○○. ○○. 상장 폐지되었습니다.

사, ○○○는 주식회사 ○○월드의 실경영주로서 인사, 재무, 자금 등 경영에 관한 주요 정책을 최종 결정, 집행하던 사람입니다.

○○○와 피고소인은 자본시장법위반죄로 기소되어 ○○○○. ○○. ○○. ○○지방법원에서 ○○○는 징역 2년에 집행유예 3년을, 피고소인은 벌금 1,000만 원을 선고받고, 그 무렵 위 형이 확정되었는데 그 범죄사실은 다음과 같습니다.

○○○는 ○○○○. ○○. ○○. ○○개발로부터 ○○엔터테인먼트의 주식 및 의무전환사채를 인수하면서 증권거래법위반죄 등의 전과가 있어 주가에 부정적인 영향을 미칠 것을 우려하여 ○○에 셋 명의로 주식을 인수하였다. ○○○는 주식 등 인수 과정에서 주식 보유상황보고서 등을 허위로 작성하여 제출하고, 주식 대량매수 보고의무를 이행하지 않았으며, 관련 주식을 매도하여 6억 5천만 원 상당의 이득을 취득하였다. 피고소인은 ○○○과 공모

- 154 -

하여 주식 대량보유상황 보고서 등을 작성, 제출하면서, ○○에셋이 자기자금으로 주식을 취득하였다고 허위기재하였다.'

아, 한편, 피고소인과 ○○○ 및 ○○○의 장모 ○○○는 공모하여 ○○○○. ○○. ○○.부터 회사 자금 21억 1,160만 원을 횡령하였다는 피의사실로 피고소인은 참고인중지처분을, ○○○와 ○○○은 각각 기소중지처분을 받았습니다(○○지방검찰청 ○○○○형제○○○○호). 또 피고소인은 인터넷 매체 등을 통하여 자력기반 동력사업에 관한 특허기술 및 시제품 출시에 관하여 허위사실을 유포하였다는 혐의로 참고인중지 처분을 받았는데(○○지방검찰청 ○○○○형제○○○호), ○○○○. ○○. ○○. o기수사명령이 내려졌습니다.

3. 수사미진 법리오해

가, 고소인은 피고소인이 자본시장법 제444조 제13호 가목, 제119조에 위반하여 증권신고서에 중요사항을 거짓기재 또는 누락하였습니다.

자본시장법은 '중요사항'을 '투자자의 합리적인 투자판단 또는 해당 금융투자상품의 가치에 중대한 영향을 미칠 수 있는 사항'이라고 규정하고 있습니다(제47조 제3항). 이는 법인의 재산이나 경영에 중대한 영향을 미치거나 유가증권의 공정거래와 투자자 보호를 위하여 필요한 사항으로서 투자자의 투자판단에 영향을 미칠 수 있는 사항을 의미합니다.(대법원 2006. 2. 9. 선고 2005도8652 판결 등 참조).

나, 고소인은 수사과정 전반에 걸쳐 ○○에너지의 실질 최대주주 내지 실질 경영자는 ○○○이고, 주식회사 ○○월드는 ○○○가 실질적으로 지배하여 온 회사라는 점을 일관되게 주장하여 왔습니다.

피고소인 또한 관련사건 수사과정에서 ○○에너지의 실경영주 내지 최대주주는 ○○○이고, 피고소인 자신은 회사의 일상적인 업무만 담당하였을 뿐 자금집행은 모두 ○○○가 알아서 한 것이라고 진술하고 있습니다.

고소인과 피고소인의 진술 및 관련 형사판결의 내용을 종합하여 보면, ○○에너지의 실질적인 최대주주는 ○○○로 봄이 상당합니다.

자본시장법은 최대주주가 변경된 때에는 이를 보고하도록 하고 있는데(제418조), 이는 증권신고서에 기재하여야 할 중요사항에 해당한다(대법원 2003. 11. 14. 선고 2003도686 판결 참조). 또 자본시장법은 " 법인의 의결권 있는 발행주식총수를 기준으로 본인 및 그와 대통령령으로 정하는 특수한 관계가 있는 자(이하'특수관계인'이라 합니다)가 누구의 명의로 하든지 자기의 계산으로 소유하는 주식(그 주식과 관련된 증권예탁증권을 포함한다)을 합하여 그 수가 가장 많은 경우의 그 본인"을 최대주주로 정의하고 있습니다(제9조 제1호).

따라서 피고소인으로서는 증권신고서에 ○○○를 최대주주로 기재하였어야 합니다. 그런데도 피고소인은 ○○개발 내지 ○○에

셋만을 최대주주로 기재하였을 뿐이므로, 이는 증권신고서에 기재하여야 할 중요사항의 거짓기재 또는 기재누락에 해당합니다.

한편, 회사가 자본시장법의 적용을 받는 모든 거래관계를 증권신고서에 기재하여야 하는 것은 아니나, 증권신고서에는 이해관계자와의 거래내용을 기재하여야 합니다(자본시장법 시행령 제125조 제1항 제3호). 특히 자본시장법상 특수관계인은 대주주와의 거래가 제한되고(제34조), 의결권 행사가 제한되며(제87조), 특정증권의 소유상황에 변동이 있는 경우 그 내용을 보고할 의무가 있고(제173조), 미공개중요정보 이용행위가 금지되는 등(제174조) 여러 가지 제한을 받는다는 점을 고려해 보면, 특수관계인과의 거래내용이나 담보제공내역 등은 증권신고서에 기재하여야 할 중요사항에 해당합니다.

다, 그렇다면 ○○에너지와 ○○○, 김○○, ○○월드와의 거래내용은 모두 특수관계인과의 거래로서 실제로 위 자금이 ○○에 대한 인수금 명목으로 지급된 자금인지와 무관하게 증권신고서에 그 거래내용 등을 기재하여야 하는 중요사항이라 볼 수 있습니다.

라, 그런데도 피고소인은 특수관계인과의 거래내용에 ○○개발과의 거래만 기재하였으므로, 이 역시 증권신고서의 중요사항의 거짓기재 또는 기재누락에 해당합니다.

마, 위와 같이 고소인이 피고소인의 범죄사실 중 일부에 대하여 혐의가 인정될 개연성이 상당하므로, 검사 ○○○은 ○○○와 김○○

등을 참고인으로 소환하거나 관련 증권계좌를 확인하는 등으로 고소인 주장의 진위 여부를 밝혔어야 했습니다.

바, 그럼에도 불구하고 검사 ○○○은 관련 사건이 ○○○의 소재불명으로 기소중지 내지 참고인중지 되어 있다는 등의 이유로 충분한 조사를 하지도 않고 무혐의처분을 하였는데, 이는 중대한 수사미진 및 법리오해에 따른 자의적인 검찰권의 행사라 할 것입니다.

4. 결론

이제 고등검찰청에서 고소인의 항고이유에 귀 기울여 실체적 진실을 밝혀 피고소인 ○○○을 엄벌에 처할 수 있게 즉각적이고도 철저한 재기수사의 명을 내려 주시기 바랍니다.

소명자료 및 첨부서류

1. 증 제5호증   계약서
1. 증 제6호증   참고인중지사건의 참고자료

○○○○ 년 ○○ 월 ○○ 일

위 고소인(항고인) : ○   ○   ○   (인)

전주지방검찰청 검사장 귀중

항 고 이 유 서

사 건 번 호 : ○○○○형제○○○○호   폭행

고 소 인(항 고 인) : ○   ○   ○

피고소인(피항고인) : ○   ○   ○

○○○○ 년 ○○ 월 ○○ 일

위 고소인(항고인) : ○   ○   ○   (인)

대구지방검찰청 검사장 귀중

항 고 이 유 서

1.고 소 인(항 고 인)

성 명	○ ○ ○	주민등록번호	생략
주 소	대구광역시 ○○구 ○○로 ○○길 ○○, ○○○호		
직 업	상업	사무실 주 소	생략
전 화	(휴대폰) 010 － 2345 － 0000		
사건번호	○○○○형제○○○○호 폭행		

2.피고소인(피항고인)

성 명	○ ○ ○	주민등록번호	생략
주 소	대구광역시 ○○구 ○○로 ○○길 ○○－○○○호		
직 업	무직	사무실 주 소	생략
전 화	(휴대폰) 010 － 5274 － 0000		
사건번호	○○○○형제○○○○호 폭행		

위 피고소인(피항고인)에 대한 ○○○○형제○○○○호 폭행 피의사건에 관하여 대구지방검찰청 검사 ○○○은 ○○○○. ○○. ○○. 혐의 없음을 이

유로 불기소처분결정을 한 바 있으나, 그 결정은 다음과 같은 이유에 의하여 부당하여 이에 항고를 제기합니다.

- 다 음 -

1. 불기소처분

　가. 대구지방검찰청 검사 ○○○은 ○○○○. ○○. ○○. 피고소인 (이하 "피의자"라고만 하겠습니다) ○○○의 고소인(이하"피해자"라고만 줄여 쓰겠습니다) ○○○에 대한 상해 혐의에 대하여 증거불충분 혐의 없음 처분(대구지방검찰청 ○○○○○형제○○○○호, 다음부터'불기소처분'이라만 하겠습니다)을 하였는데, 그 피의사실의 요지는 다음과 같습니다.

　　피의자는 ○○○○. ○○. ○○. 04:20경 대구광역시 ○○구 ○○로 소재 ○○병원 앞에서 오른손 주먹으로 피해자의 안면부를 수회 폭행하고, 바닥에 넘어진 피해자의 다리와 몸을 발로 수회 걷어 차 얼굴 열상, 반상출혈 등으로 약 2주간 치료를 요하는 상해를 가하였다.

2. 항고의 요지

　가, 검사 ○○○은 사건 직후 피해자의 상처를 촬영한 신체사진과 상해진단서의 증명력을 배척하고, 상해 혐의를 인정할 증거가 불충분하다고 판단하였으나, 신체사진과 상해진단서의 증명력을 배척

할 합리적인 이유가 없고, 목격자 ○○○가 피해자에 대한 재물
손괴죄의 재판에서 증인으로 출석하여 피의자가 피해자를 때렸다
고 명백하게 증언을 하는 등 상해 혐의를 뒷받침할 증거가 충분
함에도 불기소처분을 한 잘못이 있습니다.

3. 검사의 주장

가. 피해자가 제출한 상처 사진 및 상해진단서는 피해자가 상해를 입
었다는 점에 대한 증거가 될 뿐 피의자의 폭행으로 인하여 발생
한 상처임을 직접 입증할 수는 없다는데 있고,

피해자가 손괴혐의는 부인하면서 피의자로부터 일방적으로 폭행
을 당하였다고만 주장하고 있고, 피해자는 당시 만취상태였으므
로 주장 자체의 신빙성이 떨어진다고 하고 있습니다.

나. 목격자 ○○○은 둘이 밀치고 당기는 것을 보았다고 진술할 뿐이
고, 피의자가 피해자를 폭행할 동기를 찾을 수 없는 점을 고려하
면, 피의자의 혐의를 인정할 만한 증거가 부족하다는데 있습니다.

다. 증거관계

(1) 피해자와 피의자는 일면식도 없이 ○○○○. ○○. ○○.부터
인터넷으로만 연락하는 사이었다가 사건 발생 전날 처음 만
나 술을 마셨다. 피의자는 ○○○○. ○○. ○○. 21:00부터
다음 날 새벽 4시까지 피해자HK 같이 청하 4병, 맥주 4병,

소주 1병반이나 되는 술을 마신 후 피해자를 택시 승차하는 곳까지 데려다 주었으나 피해자는 택시를 타지 않고 자신이 산 케이크를 가져가려고 다시 피의자와 함께 피의자의 승용차가 주차된 곳으로 되돌아왔습니다.

피해자는 자기 핸드폰을 찾지 못하겠다며 전화를 걸어 찾겠다고 피의자의 핸드폰을 건네받았는데, 그 후 피해자는 피의자의 핸드폰이 작동하지 않는다고 하자 피의자는 핸드폰을 뺏으려는 등 서로 실랑이를 벌였습니다.

(2) 경찰의 수사보고서에는 ○○병원 보안 팀에서 근무하는 ○○○가 경찰관에게 전화로 "병원 밖에서 여자 비명소리가 나는 것을 듣고 나가보니 남자와 여자가 서로 핸드폰을 잡고 뺏기지 않으려는 듯 핸드폰을 잡은 채 당기고 밀치고 있는 상황이었다. 여자가 신고를 해달라고 부탁해서 경찰에 신고했다." 고 진술하였다고 기재되어 있습니다.

(3) 피해자는 ○○○○. ○○. ○○. 새벽 ○○:○○ 후배 ○○○에게 전화를 걸어 "아니 내가 맞았으니까 피가 나잖아, 지금. 계속 이 사람한테 맞았으니까. 날 때렸어, 계속 길에서."라고 말하였습니다.

(4) 피해자와 피의자는 ○○경찰서 ○○지구대로 임의동행 되어 각각 손괴와 상해 혐의로 조사를 받았습니다.

피의자는 피해자가 피의자의 벤츠 승용차 문짝을 굽이 높은 구두를 신고 있던 발로 차 승용차 문짝 일부를 찌그러뜨리고 피의자의 핸드폰을 땅에 집어던져 액정이 파손되게 하였다고 진술하고, 자신은 상해를 가한 사실이 없다고 부인합니다.

피해자는 피의자가 피해자에게 욕설을 하며 폭행하였고, 피해자는 이로 인해 오른쪽 눈가가 찢어지고, 치아 윗부분이 깨지고, 입술이 터졌으며, 오른팔이 까지고 부었다고 진술하고, 자신은 피의자의 승용차나 핸드폰을 손괴한 사실이 없다고 부인하였습니다.

(5) ○○○는○○○○. ○○. ○○. 피해자에 대한 재물손괴죄의 공판절차에 증인으로 출석하여 "병원 응급실 앞 인도에서 여자 비명소리가 들려서 보니까 남자와 여자가 다툼을 하고 있었다. 남자가 여자를 때리는 것을 목격하고 다가가서 여자를 때리면 어떻게 하느냐고 남자를 제지했고, 여자는 경찰도움을 받고 싶어 해서 112에 신고하였다. 당시 여자의 눈썹 위쪽에 작은 찰과상 정도 있었다."고 진술하고 있습니다.

피해자가 피의자의 승용차를 손괴하였는지에 대하여는 "피해자가 피의자의 차를 일부러 차지는 않았다. 차 바로 옆에서 싸움을 하고 있었고, 여자가 핸드폰을 뺏으려고 하다가 조수석 문 쪽에 넘어지면서 스쳤던 것 같고, 정확히 발로 차는 장면을 본 것은 아니다."고 진술하고 있습니다.

4. 오인판단

가, 검사 ○○○은 불기소처분에서 피해자가 당시 마신 술의 양이 많아서 어떻게 맞았는지 전반적인 사정을 기억하지 못하고, 현장을 목격한 주차요원의 진술을 종합하여 만취상태였다고 보고 판단하였습니다.

나, 피해자가 당시 만취상태였는지 여부를 보면, 피해자는 평소 주량이 일반 여성의 평균을 상회하는 소주 3병이라고 진술하였고, 사건 당시 전날 21시부터 다음 날 새벽 4시까지 오랜 시간 동안 마신 것을 감안하면, 남성인 피의자와 둘이 청하 4병, 맥주 4병, 소주 1병반을 나누어 마신 것은 피해자가 반을 마셨다고 하여도 피해자의 평소 주량에 비해 과도한 양이라고 보기에 의문이 있습니다.

다, 술자리가 파한 후 피해자는 케이크가 피의자 승용차에 보관되어있음을 기억하고 이를 가져가겠다면서 되돌아왔고, 사건 발생 직후에도 피해자는 후배에게 전화를 걸어 당시 상황을 설명하는 등, 거동이 힘들 정도로 취하거나 인사불성이 된 사정은 없었습니다.

라, 따라서 기록상 사정만으로는 피해자가 만취상태였음을 단정할 수 없으므로, 이에 관하여 더 수사해보았어야 합니다.

마, 피해자가 제출한 상해진단서는 곧 피의자의 범죄행위로 인하여 발생한 것이라는 사실을 직접 증명하는 증거가 되기에 부족한 것이지만, 제3자로부터 폭행을 당하거나 의사가 허위로 진단서를 작성하는 등의 특별한 사정이 없는 한 피해자의 진술과 더불어 상해 사실에 대한 유력한 증거가 되고, 합리적인 이유 없이 그 증명력을 함부로 배척할 수 없습니다.(대법원 2011. 1. 27. 선고 2010도12728 판결 참조).

바, 피해자가 입은 상처를 보면, 사진 상으로 볼 때 피해자의 오른쪽 눈 옆이 찢어져 출혈이 있고, 상해진단서에 의하면 피해자의 안면부 열상, 타박상, 부종으로 2주간 치료를 요하는 상해를 입었으며, 눈가가 찢어진 것에 대한 변연절제술 및 일차봉합술을 받았으므로, 상처의 정도를 볼 때 단순히 술에 취해 비틀거리다가 땅에 부딪혀 얼굴에 찰과상을 입은 것이라 할 수 없음에도 불구하고, 피해자의 입술이 찢어지고 팔, 옆구리 등 전신에 걸쳐 타박상을 입었는데 특히 입술이나 옆구리는 넘어져서는 다치기 힘들고, 더군다나 타박상이 광범위하게 나타나고 있으므로 피해자는 누군가로부터 맞아서 발생한 상처라고 보는 것이 경험칙에 부합합니다.

사, 게다가 검사 ○○○은 목격자 ○○○가"핸드폰을 뺏기지 않으려고 밀치고 당기는 상황이었다."고만 진술하여 피해자의 재물손괴 혐의를 뒷받침할 증거는 피의자 소유의 승용차와 핸드폰에 손괴한 흔적이 있는 사진과 피의자 진술뿐이었음에도 불구하고, 피해자의 재물손괴 혐의를 인정하고 말았습니다.

따라서 검사 ○○○은 승용차와 핸드폰의 피해사진으로는 피해자의 재물손괴혐의를 증명할 수 있다고 보면서, 피해자의 신체사진과 상해진단서에 대해서는 피의자의 상해혐의를 증명할 수 없다고 본 것은 동일한 증명력을 지닌 피해 증거에 대하여 반대로 판단한 것이 틀림없습니다.

아, 피의자가 피해자를 때릴 동기에 관하여 보더라도, 피의자는 피해자가 자신의 승용차와 핸드폰을 손괴한 것에 화가 나 피해자를 때리거나, 적어도 자기 핸드폰을 되찾기 위해 피해자를 세게 밀칠 수 있는 상황이었음은 뻔한 일입니다.

자, 목격자 ○○○에 대한 조사는 경찰이 그와 전화통화 하여 당시 상황에 대해 물었더니 "남자와 여자가 서로 핸드폰을 잡고 뺏기지 않으려는 듯 핸드폰을 잡은 채 당기고 밀치고 있는 상황이었다." 는 수사보고뿐인데, 사건의 구체적인 진전 상황을 더 이상 조사하지 아니한 이 수사보고서는 피의자가 피해자를 때리지 아니하였다고 확정할 증거가 되지 못하는 것입니다.

목격자에 대한 수사미진의 점은 위 증거관계에서 설시한 것처럼 ○○○가 피해자에 대한 재물손괴죄의 공판절차에서 증인으로 출석하여 피의자가 피해자를 때리는 것을 목격하고 피해자의 부탁으로 112에 신고하였다고 증언한 것에서 더욱 분명하게 인정되는 부분입니다.

따라서 검사 ○○○은 목격자 ○○○을 상대로 피의자가 피해자를 때리는 것을 보았는지, 피해자가 스스로 넘어지거나 부딪힌 것인지, 피해자가 피의자의 폭행에 어떻게 대응하였는지, 피해자가 만취상태였는지 등 당시의 자세한 사정을 확인하기 위하여 보완수사를 실시하였어야 함에도 이에 대한 수사를 하지 않았습니다.

차, 그럼에도 불구하고 검사 ○○○은 위와 같은 조치를 취하지 아니한 채 경찰로부터 기록을 송치 받은 후 아무런 추가 조사 없이 불기소처분을 한 것은, 그 결정에 영향을 미친 중대한 수사미진에 따른 자의적인 검찰권의 행사라고 아니할 수 없습니다.

5. 결론

이제 고등검찰청에서 항고인의 항고이유에 귀 기울여 실체적 진실을 밝혀 피의자 ○○○을 엄벌에 처할 수 있게 즉각적이고도 철저한 재기수사의 명을 내려 주시기 바랍니다.

소명자료 및 첨부서류

1. 증 제2호증   진단서
1. 증 제3호증   의사소견서
1. 증 제4호증   목격자진술서

○○○○ 년 ○○ 월 ○○ 일

위 고소인(항고인) : ○   ○   ○   (인)

대구지방검찰청 검사장 귀중

항 고 이 유 서

사 건 번 호 : ○○○○형제○○○○호 강제집행면탈

고 소 인(항 고 인) : ○   ○   ○

피고소인(피항고인) : ○   ○   ○ 외1

○○○○ 년 ○○ 월 ○○ 일

위 고소인(항고인) : ○   ○   ○   (인)

창원지방검찰청 검사장 귀중

항 고 이 유 서

1.고 소 인(항 고 인)

성 명	○ ○ ○	주민등록번호	생략
주 소	창원시 ○○구 ○○로 ○○길 ○○○, ○○-○○○호		
직 업	상업	사무실 주 소	생략
전 화	(휴대폰) 010 - 9876 - 0000		
사건번호	○○○○형제○○○○호 강제집행면탈 고소인		

2.피고소인(피항고인)1

성 명	박 ○ ○	주민등록번호	생략
주 소	창원시 ○○구 ○○로 ○○○, ○○○-○○○○호		
직 업	무직	사무실 주 소	생략
전 화	(휴대폰) 010 - 9248 - 0000		
사건번호	○○○○형제○○○○호 강제집행면탈 피고소인		

피고소인(피항고인)2

성 명	김 ○ ○	주민등록번호	생략
주 소	창원시 ○○구 ○○로 ○길 ○○, ○○○-○○○○호		
직 업	상업	사무실 주 소	생략
전 화	(휴대폰) 010 - 4566 - 0000		
사건번호	○○○○형제○○○○호 강제집행면탈 피고소인		

위 피고소인(피항고인)1. 2.에 대한 ○○○○형제○○○○호 강제집행면탈 피의사건에 관하여 창원지방검찰청 검사 ○○○은 ○○○○. ○○. ○○. 혐의 없음을 이유로 불기소처분결정을 한 바 있으나, 그 결정은 다음과 같은 이유에 의하여 부당하여 이에 항고를 제기합니다.

- 다 음 -

1. 불기소처분의 요지

　가. 창원지방검찰청 검사 ○○○은 ○○○○. ○○. ○○. 피고소인 (이하"피의자"라고만 하겠습니다) ○○○의 고소인(이하"피해자"라고만 줄여 쓰겠습니다) ○○○에 대한 강제집행면탈 혐의에 대하여 혐의 없음 처분(창원지방검찰청 ○○○○형제○○○○호, 다음부터'불기소처분'이라만 하겠습니다)을 하였는데, 그 고소사실의 요지는 다음과 같습니다.

나, 피의자 박○○은 무직, 같은 김○○은 통신판매업에 종사하는 자로서, 피의자 박○○은 ○○○○. ○○. ○○. 자신의 소유인 창원시 ○○구 ○○로 ○○길 ○○, 소재 연립주택 제○○○호(이하'이 사건 연립주택'이라고 한다)를 피해자에게 보증금 6,000만원에 임대한 피의자 박○○이 소유한 위 연립주택은 ○○○호와 ○○○호(다락)의 복층구조였는데, 피해자가 임차한 부분은 고소장과 불기소결정문에는 ○○○호로 기재되어 있으나 실제로는 ○○○호(다락)였던 것입니다.(수사기록 20-21, 43, 147, 171-172면 참조).

그 후 임대차계약이 종료되었음에도 보증금을 반환하지 않아, 피해자가 ○○○○. ○○. ○○. 창원지방법원 ○○○○가단○○○○호로 임대차보증금반환 청구소송을 제기하였고, ○○○○. ○○. ○○."피고는 원고로부터 ○○○○. ○○. ○○.까지 위 연립주택을 명도 받음과 동시에 원고에게 금59,303,215원을 지급한다."는 내용의 조정이 성립되었습니다.
피의자 박○○은 위 조정조서를 전달받았음에도 피의자들은 서로 공모하여, ○○○○. ○○. ○○. 피의자 박○○ 소유의 위 연립주택을 자신의 딸인 피의자 김○○에게 매매를 원인으로 허위 양도함으로써 강제집행을 면탈한 것입니다.

다, 창원지방검찰청 검사 ○○○은 이 사건을 수사한 후 ○○○○. ○○. ○○. 피의자들의 범죄혐의를 인정할 만한 증거가 충분하지 아니하다는 이유로 피의자들에 대하여 혐의 없음의 불기소처분을 하였습니다.(창원지방검찰청 ○○○○형제○○○○호).

2. 법률관계

가. 강제집행면탈죄

(1) 판례에 의하면 강제집행면탈죄(형법 제327조)는 강제집행을 당할 구체적인 위험이 있는 상태에서 강제집행을 면할 목적으로 재산을 은닉·손괴·허위양도 또는 허위의 채무를 부담하여 채권자를 해함으로써 성립하는 범죄인바(대법원 2003. 5. 30. 선고 2003도1054 판결), 위 죄가 성립하기 위하여는 주관적 구성요건으로 강제집행을 면할 목적이 있어야 하는 외에 객관적 구성요건으로 강제집행을 받을 객관적 상태에 있음을 요합니다.(대법원 1974. 10. 8. 선고 74도1798 판결).

(2) 위 죄의 행위로서, '재산의 허위양도'라 함은 진실한 양도가 아님에도 불구하고 표면상 진실한 양도인 것처럼 가장하여 재산의 명의를 변경하는 것을 말합니다.(대법원 1987. 9. 22. 선고 87도1579 판결).

예컨대, 채무자가 부동산을 매매한 사실이 없음에도 불구하고 매매를 원인으로 제3자 명의로 소유권이전등기를 한 경우는 재산을 허위양도한 경우에 해당합니다.
그러나 진실한 양도이면 강제집행을 면할 목적으로 채권자에게 불이익을 초래해도 위 죄를 구성하지 아니합니다.(대법원 1986. 8. 19. 86도1191 판결 대법원 1998. 9. 8. 선고 98도1949 판결).

(3) 강제집행면탈죄는 위태범으로서 강제집행을 당할 구체적인 위험이 있는 상태에서 재산을 은닉·손괴·허위양도 또는 허위의 채무를 부담하면 바로 성립하는 것이고, 반드시 채권자를 해하는 결과가 야기되거나(대법원 1989. 5. 23. 88도343 판결), 이로 인하여 행위자가 어떤 이득을 취하여야 되는 것은 아닙니다.(대법원 1994. 10. 14. 선고 94도2056 판결).

나. 이 사건의 실체

(1) ○○○○. ○○. ○○. 피의자 박○○이 이 사건 연립주택을 매수

(2) ○○○○. ○○. ○○. 피의자 박○○이 피해자에게 보증금 6,000만원에 임대

(3) ○○○○. ○○. ○○. ○○은행이 위 연립주택에 대하여 경매신청

(4) ○○○○. ○○. ○○. 김○규(박○○의 모친) 명의로 금 1억 3,610만원에 경락

(5) ○○○○. ○○. ○○. 김○규 사망으로 박○하(박○○의 부친) 및 자녀들에게 상속

(6) ○○○○. ○○. ○○. 박○○이 박○하 및 형제자매들 상대로 명의신탁해지를 원인으로 하는 소유권이전등기소송 제기(창원지방법원 ○○○○가단○○○○호, 박○○의 실질 소유 주장)

(7) ○○○○. ○○. ○○. 박○○이 항소심에서 승소확정(위 법

원 ○○○○나○○○○호)

(8) ○○○○. ○○. ○○. 최○○의 박○○에 대한 임대차보증금반환소송에서 조정 성립(2○○○○. ○○. ○○. 명도 조건 금 59,303,215원 지급, 지연이자 20%)

(9) ○○○○. ○○. ○○. 최○○이 보증금 수령 없이 명도

(10) ○○○○. ○○. ○○. 박○○이 김○○(딸)에게 매매를 원인으로 소유권이전등기 마침

(11) ○○○○. ○○. ○○. 피해자가 박○○과 김○○을 강제집행면탈죄로 고소

다. 사실관계

(1) 강제집행면탈의 고의

피의자 박○○의 남편인 김○중이 ○○○○. ○○. ○○. 금 59,303,2 15원(6,000만원 - 체납공과금 696,785원)을 가지고 피해자를 찾아가 변제하려 하였으나 피해자가 거절한 사실이 인정되는바, 검사 ○○○은 위와 같이 피의자들이 피해자에게 보증채무금을 지급하려고 한 사실이 있기 때문에 강제집행면탈의 범의를 인정하기 어렵다는 취지로 판단하였습니다.(수사기록 1-3면, 2007. 3. 20.자 피청구인 답변서 5면).

그러나 피해자는 그 날 위 김○중이 조정원금만을 준비해 와서 그 동안의 이자는 포기하라고 하며 포기각서를 써 달

- 175 -

라고 강요하였기 때문에 그 요청을 거부하고 조정원금의 수령을 거절하였던 것입니다.

조정조서 제1항 2문에 의하면, "만일 피의자들이 피해자로부터 위 건물을 명도 받고도 위 금액을 지급하지 아니하는 경우 미지급금액에 대하여 ○○○○. ○○. ○○.부터 다 갚는 날까지 연 20%의 비율로 계산한 돈을 가산하여 지급한다"고 규정되어 있는바, 위 조항에 의하면 피의자들은 ○○○○. ○○. ○○. 위 금 59,303,215원뿐만 아니라 조정원금에 대한 이자 520여만 원(59,303,215원×160/365× 20/100)을 가산하여 지급했어야 하므로, 피해자가 수령을 거절한 정당한 사유가 있습니다.

더구나 이 사건 연립주택에 관한 소유권이전등기명의가 피의자 김○○에게 이전된 것은 ○○○○. ○○. ○○.로서 피해자에게 금원이 제공된 ○○○○. ○○. ○○. 보다 3개월이나 앞서므로 피해자는 당시 3층에는 집주인인 피의자 박○○ 가족이 살고 4층에는 피해자의 가족이 사는 복층 구조였고 공과금 고지서는 1장으로 나오는데 두 집이 반반씩 부담하였습니다.

그런데 그 집에 대하여 경매가 시작되었다는 소식을 듣고 놀라 공과금을 내지 않게 되었던 것입니다.(수사기록 147면).

위 변제제공 사실은 피의자들의 고의 유무를 판단하는데 아무런 도움을 줄 수 없습니다.

(2) 허위 양도

(가) 피의자 박○○은, ○○○○. ○○. ○○. 그녀의 모친인 김○규 이름을 빌려 위 연립주택을 경락받을 때 그 대금 1억 3,610만원은 아들인 김○관과 딸인 김○○의 돈이어서 위 연립주택의 실제 소유자는 김○관과 김○○인데, ○○○○. ○○. ○○. 박○○의 부친 및 형제자매들을 상대로 명의신탁 해지를 원인으로 한 소유권 이전등기청구소송을 하면서 사정상 원고 명의를 박○○ 본인으로 하였고, ○○○○. ○○. ○○. 김○관과 김○○의 합의 아래 김○○ 단독명의로 소유권이전등기 한 것이라고 주장하고 있습니다.

즉 입찰보증금 금 1,361만원은 김○관이 ○○○○. ○○. ○○. 자신의 통장에서 금 1,450만원을 인출하여 다음날인 ○○○○. ○○. ○○. 납입하였고(수사기록 86 · 87면), 경락대금의 잔금 1억 2,249만원은 김○관과 김○○이 김○규 이름으로 담보대출받은 7,600만원과 김○관의 통장에서 인출한 4,649만원을 합하여 모두 납입하였다고 주장하고 있습니다.(수사기록 88 · 71면).

(나) 그러나 피의자 박○○의 주장은 위 창원지방법원 ○○

○○가단○○○○호 및 ○○○○나○○○○호 사건에서의 주장과 모순됩니다.

즉 위 판결은 박○○의 주장을 받아들여,"위 연립주택은 원고(박○○)가 자신의 자금과 노력을 들이고 김○규 명의를 빌려 낙찰을 받은 것으로 보이고, 원고가 김○규와의 명의신탁 약정에 따라 수탁자인 김○규 앞으로 낙찰 받은 명의신탁 재산이다"라고 판시하였습니다.(수사기록 71면).

(다) 나아가 김○규의 이름으로 담보대출 받은 금 7,600만원의 대출자의 명의가'김○규(박○숙)'으로 되어 있어 실제 대출자가 김○관 및 김○○이라는 박○○의 주장과 상이함은 앞에서 본 바와 같습니다.

그런데 은행의 대출확인증에 의하면 대출자 명의는'김○규(박○○)'으로 기재되어 있습니(수사기록 127면, 증제17호증).

증 제12호증(수사기록 100면). 이 통장은 김○규 명의로 되어 있으나 다만 날인된 인감이 김○관의 것이라는 사실입니다.

(라) 다음으로 김○관의 금전거래내역의 김○관 명의 통장의 사본에 의하면 ○○○○. ○○. ○○. 이후의 거래내역

이 나타나 있는바(수사기록 85-86면), ○○○○. ○○. ○○. 금 110만원, 같은 해 3. 13. 금 254만원, 같은 해 6. 30. 금 5,000만원, 같은 해 7. 3. 금 4,440만원, 같은 해 7. 5. 금 240만원, 같은 해 8. 23. 금 700만원, 같은 해 9. 4. 금 390만원, 같은 해 9. 13. 금1,2 00만원 등이 입금되어 있음을 알 수 있습니다.

또한 김○관은 ○○○○. ○○. ○○. 창원시 ○○구 ○○동에서 귀금속과 시계의 소매를 업태로 하는 '○○당'이라는 상호로 개업하여 같은 달 19. ○○세무서장 으로부터 사업자등록증을 발부받은 사실이 있습니다. (수사기록 84면).

그런데 김○관은 ○○○○. ○○. ○○.생(수사기록 84 면)으로 당시 만 18-19세의 고등학생 또는 대학생이었 을 것이므로, 그가 위 통장금원의 실제 소유자라거나 실제로 귀금속가게를 운영하였는지에 대하여 강한 의문 이 듭니다. 더구나 이 사건 고소장에 첨부된 박○○의 명함을 보면 박○○은 '○○'이라는 상호로 금·은·보석 ·시계를 취급하는 가게를 운영하는 동시에, '□□'이라 는 가게도 함께 운영하고 있었습니다.

따라서 위와 같이 김○관의 나이와 통장 거래내역, 박 ○○의 명함 등을 고려할 때, 검사 ○○○으로서는 김 ○관이 당시 학생은 아니었는지, 위 가게의 실제 운영자나 통장의 관리자가 박○○인지 아니면 김○관인지에 대하여 보다 심도 있는 수사를 하였어야 합니다.

(마) 한편 피의자 김○○의 금전거래 내역에 의하면 피의자 김○○은 ○○○○. ○○. ○○. 총 8,788만원에 ○○시 ○○로 소재 ○○아파트 ○○○동 ○○○○호를 분양받았고, ○○○○. ○○. ○○.'○○정보통신'이라는 상호로 통신기기와 담배의 소매를 업태로 하는 가게의 사업자등록을 받은 바 있습니다.(수사기록 131면).

그런데 김○○은 ○○○○. ○○. ○○. 피의자 박○○은, 위 돈은 친할아버지인 김○진이 자신이 거주하는 집이 용담댐 수몰지 구에 해당하여 보상금으로 ○○○○. ○○. ○○. 수령한 돈(2억여 원)의 일부로서(수사기록 90면), 김○○과 김○관의 학비 및 생활비에 보태 쓰라고 직접 가져와 김○관의 통장에 입금한 것이라고 합니다.(수사기록 47면).

이 사건 연립주택이 경락되었거나 위 주공아파트를 분양받을 당시에 만 18세였습니다. 더구나 박○○은 위 분양대금 중 4,20 0만원은 할부 및 융자금이었고, 금 4,700만원은 김○신으로부터 받은 임대보증금(박○○은, ○○○○. ○○. ○○.위 연립주택 ○○○호를 김○신에게 금 9,000만원에 전세를 주었다고 합니다) 중 일부로 충당하였다고 주장하여(수사기록 49·125면),

김○○은 분양대금의 일부도 부담하지 않았음을 자인하고 있습니다.

한편 김○○은 경찰에서 조사받을 때, 자신은 ○○○○. ○○. ○○. 이 사건 연립주택에 대한 경매가 시작되면서 ○○○호에서 나가 살았기 때문에 이 사건 연립주택을 외할머니 김○규의 이름으로 경락받으면서 피해자에게 돌려주어야 할 임차보증금 6,000만원이 있다는 사실을 전혀 몰랐고, 6,000만원은 자신과 무관하다고 진술했는데(수사기록 134면), 만일 김○○이 실제로 위 연립주택에 돈을 투자하여 경락을 받았다면 그곳에서 ○○○○. ○○. ○○.부터 ○○○○. ○○. ○○.까지 거주한 피해자와의 임대차관계에 대하여 그토록 무관심하였을 이유가 없습니다.

앞에서 본 바와 같이 피의자 박○○은 ○○○○. ○○. ○○. 경찰에서 조사를 받을 때 위 ○○아파트를 딸인 김○○이 샀다고 진술하면서도(수사기록 38면), 당일 변호사를 통하여 제출한 진술서에는'○○○○. ○○. ○○. 소유권이전등기를 김○관과 김○○의 공동명의로 하지 않고 김○○ 앞으로만 마친 것은 김○관에게는 아파트 1채(창원시 ○○구 ○○로 ○○아파트 ○○○동 ○○○호)가 있었기 때문에 1가구 2주택을 피하기 위하여 동생인 김○○ 명의로만 이전등기를 마친 것이다'라고 기재되어 있는바(수사기록 52면), 이와 같이 피의자 박○○은 양립할 수 없는 진술을 하고 있습니다.

이와 같이 피의자 김○○이 이 사건 연립주택을 경락받는데 금원을 출연하였다는 아무런 증거도 없으므로, 검사 ○○○으로서는 피의자 박○○ 자신이 모친인 김○규의 명의를 빌려 이 이 사건 연립주택을 경락받은 것은 아닌지에 대한 수사를 하였어야 하는데 전혀 수사를 하지 않았습니다.

(3) 소결

결국 피의자 박○○의 창원지방법원 ○○○○가단○○○○호 및 ○○○○나○○○○호 사건에서의 주장과 이 사건에서의 주장이 완전히 모순되는 점 및 ○○○○. ○○. ○○. 당시 피의자 김○○과 고소 외 김○관의 연령과 금전거래내역 등에 비추어 볼 때, 박○○이 이 사건 연립주택의 실제 소유자로서 이를 김○○에게 허위로 양도하였을 가능성이 매우 높습니다.

또한 피의자 김○○도 그녀의 수사기관에서의 진술로 보아 피의자 박○○의 허위양도행위를 방조하였거나 적어도 묵인하였을 가능성 또한 상당히 높습니다.

3. 결론

그렇다면 창원지방검찰청 검사 ○○○의 이 사건 불기소처분은 정의와 형평에 반하는 수사 및 자의적인 판단에 기인한 것이므로 이제 고등검찰청에서 피해자의 불복이유에 귀 기울여 실체적 진실을 밝혀 피의자 박○○, 같은 김○○을 엄벌에 처할 수 있게 즉각적이고도 철저한 재기수사의 명을 내려 주시기 바랍니다.

소명자료 및 첨부서류

1. 증 제2호증   등기부등본
1. 증 제3호증   조정조서등본
1. 증 제4호증   증인신문사항
1. 증 제5호증   입출급내역서

○○○○ 년 ○○ 월 ○○ 일

위 고소인(항고인) : ○ ○ ○   (인)

창원지방검찰청 검사장 귀중

항 고 장

사 건 번 호 : ○○○○형제○○○○호 사기

고 소 인(항 고 인) : ○　　　○　　　○

피고소인(피항고인) : ○　　　○　　　○

○○○○ 년 ○○ 월 ○○ 일

위 고소인(항고인) : ○　　○　　○　　(인)

전주지방검찰청 검사장 귀중

항 고 장

1.고 소 인(항 고 인)

성 명	○ ○ ○	주민등록번호	생략
주 소	전라북도 전주시 남노송로 ○○, ○○○-○○○호		
직 업	개인사업	사무실 주 소	생략
전 화	(휴대폰) 017 - 334 - 4325		
사건번호	○○○○형제○○○○호 사기 사건의 고소인(항 고인)		

2.피고소인(피항고인)

성 명	○ ○ ○	주민등록번호	생략
주 소	생략		
직 업	무직	사무실 주 소	생략
전 화	(휴대폰) 010 - 1387 - 0000		
사건번호	○○○○형제○○○○호 사기 사건의 피고소인 (피항고인)		

항고취지

위 피고소인 ○○○에 대한 ○○○○형제○○○○호 사기 피의사건에 관하여 전주지방검찰청 검사 ○○○은 ○○○○. ○○. ○○. 혐의 없음(증거불충분)을 이유로 불기소처분결정을 한 바 있으나, 그 결정은 다음과 같은 이유에 의하여 부당하여 이에 항고를 제기합니다.

항고이유

1. 불기소처분의 요지

가, 전주지방검찰청 검사 ○○○은 ○○○○. ○○. ○○. 고소인 ○○○(이하 앞으로는"피해자"라고 줄여 쓰겠습니다)이 피고소인 ○○○(이하"피의자"라고만 하겠습니다)에 대하여 형법 제347조 제1항의 사기 혐의로 고소한 사건을 혐의 없음(증거불충분)을 이유로 불기소처분(전주지방검찰청 ○○○○형제○○○○호 다음부터는"불기소처분"이라고만 하겠습니다)을 하였는데, 그 불기소이유의 요지는 다음과 같습니다.

나, 불기소이유요지

(1) 피의자는 주거지에 거주하며, 전라북도 정읍시 ○○면 ○○로 소재 상호 ○○○주유소를 운영하는 자인바,

(2) 피의자는 ○○○○. ○○. 중순경 전라북도 ○○군 ○○읍 ○○로 ○○ 소재 피해자의 사무실에서"당신이 농사를 짓고 있는 농지에 대한 도지를 선금으로 받아 주유소 운영자금을

만들어 빌려 달라, 그러면 주유소를 개업 후 필요한 금 4억 5,000만 원을 만들어 주겠다"라고 거짓말을 하였다.

그러나 사실 피의자는 금원을 교부받더라도 이를 갚을 의사나 능력이 없었다.

그럼에도 불구하고 피의자는 이를 사실로 믿은 피해자로부터 총 21회에 걸쳐 금 255,478,780원 상당을 교부받았다.

이로써 피의자는 동액 상당의 재산상 이익을 취득하였다.

(3) 피의자가 피해자로부터 별지 범죄일람표 상의 금원을 교부받은 사실은 인정된다.

피의자는 전(2)항의 기재와 같이 기망하여 피해자는 수사기록 ○○쪽부터 ○○쪽까지의 피의자에게 입금된 금원에 대한 자료내역을 제출하였다. 이에 피해자의 부동산 등이 매각되는 바람에 경제적으로 상당히 궁핍한 지경에 처하여 있었다.

사건 당시 피해자는 출감 직후인 피의자를 만나 경제적 사정을 말하였고 이에 피의자가 주유소를 운영할 자금을 마련하여 주면 회생할 수 있는 자금 4억 5,000만 원을 만들어 주겠다고 말을 함으로써 이 사건 금전을 교부한 것이라는 주장이다. 이에 대하여 피해자는 입금된 금원에 대한 자료내역 이외에 피의자의 기망행위에 대한 부합할 수 있는 증거자료를 제출하지 못하였다.

(4) 피의자는 피해자로부터 위 금원을 교부받은 사실에 대하여
는 인정을 한다. 다만, 피의자는 범죄사실과 같이 피해자를
속여 금원을 편취한 것은 아니라며 혐의를 부인한다.

피의자는 출소하여 자금 마련이 되면"주유소를 운영하여 잘
되면 내가 도와줄 수도 있다"라는 취지로 피해자에게는 말
한 것은 인정된다.(이 사건 대질신문조서 기록 ○○○쪽)

피의자는 본인의 채권에 대하여 변제 받았던 것일 뿐 이 사
건 금전은 차용금이나 투자 명목으로 교부받은 것이 아니라
주장한다.

(5) 대질신문조서에서 피해자와 피의자의 진술을 전적으로 신뢰
할 수 없다. 더불어 이 사건 금전이 차용금이라는 사실에
대한 명확한 증거나 증인은 없는 상황이다.
피해자와 피의자의 진술이 엇갈리고 누구의 진술인지 사실
인지 이를 입증할 객관적이고 명백한 방법은 없다.

(6) 종합하면 피의자는 실지로 주유소를 운영한 사실 확인된다.
그렇다면 피의자가 기망으로 인하여 재산상 이익을 취하였
는지와 이 사건 금전이 피해자가 피의자에게 차용하여 준
것인지가 쟁점이다.

실지로 피해자와 피의자는 채권, 채무관계가 존재한다,

다만, 서로 간에 정산에 대하여는 피해자와 피의자 또한 명백히 하지 못하고 있다.

결국 이 사안에 대하여는 피의자가 기망에 의하여 재산상 이익을 취득하였다고 볼 만한 단서나 증거는 없다.

피의자의 행위에 대하여 피해자의 진술 이외 달이 피의사실을 인정할 증거가 없으므로 불기소(혐의 없음)처분을 한다는데 있습니다.

2. 이 사건의 실체

피해자와 피의자는 호형호제하며 지내던 사이로 피의자가 나쁜 짓을 하여 교도소에 있는 동안에도 피해자는 피의자의 가족을 금전적으로 도운 인간적 유대관계가 있습니다.

처음부터 피의자는 피해자에게 환심을 얻은 연후에 돈을 빌릴 목적으로 이 전에 주유소운영을 하면서 의도적으로 현금을 박스에 담아와 피해자에게 보여주며 돈을 세어보게 한 일도 있었습니다.

피해자로부터 이렇게 환심을 산 피의자는 주유소를 운영하기 시작하면 단기간에 40억을 해주겠다고 말하며 구체적으로 날짜와 금액을 제시했고 자금을 차입해 달라고 요청을 할 때도 아무런 의심을 하지 않았던 것도 사실이었지만 전라북도 ○○에서 농사를 짓은 농민이

무슨 돈이 있냐고 거절하자 피의자는 금융부적격자로서 피의자의 이름으로는 자금을 끌어올 수가 없어 정말 답답하다면서 피해자에게 외상으로 비싼 농기계를 구입한 후 바로 헐값으로 되팔아서 이 돈을 보내주면 고소득을 얻게 해 주겠다고 하는 자금을 조달하는 방법까지 알려주는 바람에 이러한 경험이 없던 피해자로서는 피의자가 알려주는 방법에 의아할 수밖에 없었고 한편으로는 신기하기까지 해서 피의자가 시키는 대로 농기구를 구입해 이를 되파는 방법으로 여러 번 긴급자금을 마련하여 피의자에게 건네주거나 피의자가 불러주는 또 다른 계좌로 송금하였던 것인데 이렇게 빠져 들다보니 피의자는 앞서 보내준 돈은 계속해서 자금을 더 보내주지 않으면 고스란히 날릴 수 있는 말에 또 속을 수밖에 없었고 주변에 있는 지인이나 혹은 가까운 친 인척에게까지 닥치는 대로 자금을 빌려 보내주기도 하고 아니면 그 들로 하여금 직접 피의자에게 송금하는 방식으로 총 21회에 걸쳐 금 255,478,780원 피의자에게 건네주었습니다.

피해자로서는 모두가 피의자가 운영한다는 ○○○주유소에서 운영자금을 조달해주면 40억 원의 높은 고소득을 보장하겠다는 말에 전적으로 믿을 수밖에 없었고 그러한 주유소의 운영에 이다지 많은 운영자금은 40억 원의 수익을 창출하기 위해서는 필요한 것인 줄만 알았습니다.

그래서 피해자는 전 재산을 처분하다시피 하고 여기저기서 막대한 자금을 끌어들여 피의자에게 보내주는 바람에 파산직전에 도저히 견딜 수가 없는 상황에서 전전긍긍하고 있을 때 더 이상 자금을 조달해 줄 수 없었는데 피의자가 소득을 올려 피해자에게 위 돈을 변제될 유일한 소득원인 ○○○주유소에 대한 임대차계약서까지 잡히고 돈을 융통해 달라며 임대차계약서를 피해자에게 팩스로 보내오는 바람에 이상하게 생각하고 사실을 알아보자 지금까지 ○○○주유소 운영과 관련하여 피의자가 피해자에게 말한 모든 것은 새빨간 거짓이었고 거액을 보장하겠다고 피해자를 속이고 피해자로부터 금 255,478,780원을 교부받아 다른 곳에 사용하였거나 피의자의 개인적인 빚을 갚는데 사용한 것으로 보이고 ○○○주유소는 다 쓰러져 가는 시골 모퉁이에 있는 조그마한 주유소였고 1일 평균 고작 해야 20만원도 기름을 팔지 못하는 보잘것없는 ○○○주유소는 피의자의 소유도 아니고, 임대차계약에 의하여 운영하는 ○○○주유소로서 도저히 40억 원이라는 고소득을 올릴 수 조자 없는 거짓이었습니다.

하물며 피해자가 피의자에게 금전거래를 하게 된 결정적인 계기는 ○○○주유소를 운영자금을 빌려주면 40억 원이나 되는 고소득을 보장하겠다고 해서 이러한 거짓말을 철석같이 믿고 피해자로서는 농민으로서 정말 상상할 수 없는 막대한 자금을 농기구까지 중고로 처분하는 등의 방법으로 자금을 조달해 피의자에게 속아서 지급한 것이고, 나쁜 짓으로 구속되어 감옥에 있다 나온 피의자를 뭘 믿고 선 듯 이렇게 많은 전 재산을 틀어서 피의자에게 돈을 건네 줄 바보가 이 세상에 또 어디 있겠습니까.

피의자가 하는 거짓말에 속지 않았다면 나쁜 짓으로 감옥에 있다나온 피의자에게 많은 돈을 건네 줄 이유는 없었다는 것입니다.

3. 불기소처분의 이유

가, 검사 ○○○의 불기소처분이유의 요지는 다음 나, 항과 같습니다.(편의상 각 항목별로 ㉠, ㉡, ㉢, ㉣, ㉤ 등을 첨가하여 구분하겠습니다.).

나, 피해자는 입금된 금원에 대한 자료내역 이외에 피의자의 기망행위에 대한 부합할 수 있는 증거자료를 제출하지 못하였다(㉠), 피의자는 피해자로부터 위 금원을 교부받은 사실에 대하여는 인정을 한다. 다만, 피의자는 범죄사실과 같이 피해자를 속여 금원을 편취한 것은 아니라며 혐의를 부인한다(㉡), 대질신문조서에서 피해자와 피의자의 진술을 전적으로 신뢰할 수 없다. 더불어 이 사건 금전이 차용금이라는 사실에 대한 명확한 증거나 증인은 없는 상황이다(㉢), 피해자와 피의자의 진술이 엇갈리고 누구의 진술인지 사실인지 이를 입증할 객관적이고 명백한 방법은 없다(㉣), 결국 이 사안에 대하여는 피의자가 기망에 의하여 재산상 이익을 취득하였다고 볼 만한 단서나 증거는 없다(㉤), 피의자의 행위에 대하여 피해자의 진술 이외 달이 피의사실을 인정할 증거가 없으므로 불기소(혐의 없음)처분을 한다는데 있습니다.

다, 위 나,항의 (㉠),과 관련하여,

검사 ○○○은 피해자는 입금된 금원에 대한 자료내역 이외에 피의자의 기망행위에 대한 부합할 수 있는 증거자료를 제출하지 못하였다고 주장하고 있으나 기망은 널리 거래관계에서 지켜야할 신의칙에 반하는 행위로서 피해자로 하여금 착오를 일으키게 하는 것이고, 기망행위에 대상은 사실"당신(피해자를 지칭하는 것입니다)이 농사를 짓고 있는 농지에 대한 도지를 선금으로 받아 피의자가 운영하는 ○○○주유소의 운영자금을 만들어 빌려 달라, 그러면 주유소를 개업 후 필요한 금 4억 5,000만 원을 만들어 주겠다,"라는 사실입니다. 즉, 구체적으로 증명할 수 있는 과거와 현재의 상태로서 피해자가 재산적 처분행위(농기계를 구입해 싼 값으로 되팔아 피의자에게 건네주거나 타에 돈을 빌려서 피의자에게 돈을 건네줌)를 함에 있어서 판단의 기초로 볼 때 피해자가 피의자에게 돈을 준 결정적인 계기는 피의자가 주유소의 운영자금을 만들어 빌려 달라고 했고 주유소를 개업 후 금 4억 5,000만 원을 만들어 주겠다는 사실이 거짓인지 아닌지 주유소를 실제 운영하였다 하더라도 단기간 내에 과연 4억 5,000만 원을 피해자에게 지급할 능력이 있었는지는 검사 ○○○이 피의자로 하여금 주유소운영과 관련한 일체의 금융거래내역을 수사했어야 하고 이 부분에 대하여 수사를 하지도 않고 피해자가 마치 기망행위에 대한 부합하는 증거자료를 제출하지 않았다는 판단은 중대한 수사미진의 잘못에 의한 것으로서 객관적으로 그 정당성이 유지될 수 없는 자의적인 처분이라 할 것입니다.

라. 위 나.항의 (ⓛ).과 관련하여,

검사 ○○○은 피의자는 피해자로부터 21회에 결처 금 255,478,780원을 교부받은 사실에 대하여는 인정을 한다. 다만, 피의자는 범죄사실과 같이 피해자를 속여 금원을 편취한 것은 아니라며 혐의를 부인한다고 판단하였으나 피의자가 혐의를 부인하는 것으로 단순히 피해자를 착오에 빠뜨리게 한 것만으로는 기망이 있었다고 혐의를 부인하는 것이지 피해자가 피의자에게 농기계를 긴급 처분하여 그 자금을 건네준 그 것은 거래관계에 있어서 신의칙에 반하는 기망이 있었기 때문에 21회에 걸쳐 금 255,478,780원이나 되는 거금을 건네준 것입니다.

이를 뒷받침할 중요한 부분으로는 피의자는 나쁜 짓으로 구속되어 감옥에 있다가 나온 사람인데 더군다나 <u>피의자의 기망행위가 없었다면 피해자가 위 많은 돈을 조달하여 피의자에게 건네줄 이유 또한 없습니다.</u>

마, 위 나,항의 (ⓒ),과 관련하여,

검사 ○○○은 대질신문조서에서 피해자와 피의자의 진술을 전적으로 신뢰할 수 없다. 더불어 이 사건 금전이 차용금이라는 사실에 대한 명확한 증거나 증인은 없는 상황이다 는 판단을 하였으나 피해자는 피의자가 한거짓말"당신이 농사를 짓고 있는 농지에 대한 도지를 선금으로 받아 피의자가 운영하는 주유소의 운영자금을 만들어 빌려 달라, 그러면 주유소를 개업 후 금 4억 5,000만 원을 만들어 주겠다,"에 속아 <u>총 21회에 걸쳐 금 255,478,780원이나 되는 거금을 건네주었으므로 처음 거래한 날짜를 기준으로 삼아도 피의자가 한 거짓말에 속아 피의자에게 건네진 차용금이라는 사실 또한 밝혀지고 있음에도</u> 검사 ○○○은 이 부분에 대하여 피의자를 상대로 보완수사를 시도도 하지 아니하고 서둘러 혐의 없음의 불기소처분을 하였는바, 이 또한 수사미진의 비난을 면키 어렵다 할 것입니다.

바, 위 나,항의 (㉣),과 관련하여,

검사 ○○○은 피해자와 피의자의 진술이 엇갈리고 누구의 진술인지 사실인지 이를 입증할 객관적이고 명백한 방법은 없다고 판단하였으나 검사 ○○○ 작성의 불기소이유에 의하면 ① 대질신문조서 기록 ○○○쪽에서 피의자가 출소하여 자금 마련이 되면"주유소를 운영하여 잘 되면 내가 도와줄 수도 있다"라는 취지로 말을 한 것은 인정된다. ② 수사결과 및 의견의 인정되는 사실에서 피의자가 피해자로부터 별지 범죄일람표 상의 금원을 교부받은 사실은 인정된다고 밝히면서 피해자와 피의자의 진술이 엇갈리는 부분이 어디에 어떤 부분인지도 제대로 밝히지 않은 것은 검사 ○○○이 수사를 제대로 하지 않은 결과이거나 단순히 사실인지 이를 입증할 객관적이고 명백한 방법이 없다고 판단하고 만 것은 검사 ○○○의 판단자체가 부합되지 않는 잘못된 주장에 불과합니다.

검사 ○○○이 작성한 수사결과 및 의견에 의하면 피의자를 상대로 자료들을 조사하지 아니한 채 만연히 혐의 없음의 불기소처분을 한 것은 수사미진 및 증거판단의 잘못을 범한 것으로 보지 않을 수 없습니다.

그렇다면, 피의자가 위와 같은 말을 한 것이 사실인지 여부 및 그와 같은 발언 내용의 진위 여부는 피의자의 편취범의 유무를 판단하는 데 중요한 증거가 될 수 있다 할 것입니다.

사, 위 나,항의 (ⓜ),과 관련하여,

검사 ○○○은 결국 이 사안에 대하여는 피의자가 기망에 의하여 재산상 이익을 취득하였다고 볼 만한 단서나 증거는 없다는 판단을 하였으나 피의자의 기망과 피해자의 착오 사이에는 인과관계가 있습니다.

그러나 피의자의 기망행위가 피해자의 착오에 대한 유일한 원인이 될 필요는 없음에도 검사 ○○○의 판단은 피의자가 피해자로부터 21회에 걸쳐 총 255,478,780원을 교부받아 재산상의 이익을 취득한 자체를 중요한 기망의 원인이 되어야만 한다는 취지로 혐의 없음의 불기소처분을 하였습니다.

재산상의 이익이 있었는가는 객관적, 개별적 방법에 의하여 평가하여야 합니다, 재산상의 이익은 현실적으로 발생하여 재산상으로 증명할 수 있는 금전으로 교부받은 것 자체만으로도 피의자가 취득한 재산상의 이익으로 인정됩니다.

중요한 것은 검사 ○○○은 최소한 피의자의 피해자에 대한 기망의 대상이 된 ○○○주유소영업에 있었기 때문에 피의자로 하여금 영업수입 성을 비롯하여 그 지불능력은 있었는지, 피해자로부터 21회에 걸쳐 교부받은 돈은 ○○○주유소운영에 사용한 것인지, 과연 짧은 시일 내에 피해자에게 4억 5,000만 원을 변제할 능력여부를 위하여 ○○○주유소의 재무상태 또는 금융자료만큼은 수사를 하였다면 피의자의 편취범의 유무를 판단하는 데 중요한 증거가 될 수 있었습니다.

아, 중요참고내용

피의자에게 피해자가 건네 준 돈 2억 8,000여만 원 중에는 고소 외 ○○○ 8,000만원과 같은 ○○○의 3,000만 원이 있습니다.

이 두 사람은 본인들이 직접 은행에서 피의자에게 송금한 사람들입니다.

이들은 피의자가 약속을 지키지 않자 고소 외 ○○○은 원금과 이자를 변제하라는 내용증명까지 피의자에게 보낸 사실이 있고 피의자가 고소 외 ○○○에게 보내온 답변에 의하면 피해자에게 받을 돈을 받았으니 채무가 없다는 것이었습니다.
그렇다면 피해자가 고소 외 ○○○에게 돈을 부탁할 때 피해자 자신의 채무를 변제하기 위해서 돈을 차용한 것인지, 아니면 피의자를 위해 돈을 빌린 것인지를 확인할 필요가 있었기 때문에 수차에 걸쳐 피해자가 수사기관에 고소 외 ○○○을 불러 조사를 해 달라고 하였으나 번번이 거절당했습니다.

위 고소 외 ○○○은 차용금을 변제 받기 위해 필요한 조치로 ○○○주유소 보증금을 가압류하거나 차입금반환을 요청하는 내용증명을 보내도록 수차례 피해자가 말한 사실이 있는데 ○○○○. ○○. ○○.에 이르러 ○○○주유소를 방문한 자리에서 피의자는 자신이 받은 돈에 대하여 차용증을 써줄 것처럼 말하고 곤란한 상황을 모면하는 행동을 보이더니 그러나 다음 날부터 피의자는 위 고소 외 ○○○에게 수십 차례 전화를 걸어 자기가 물어야 될 돈을 피해자에게 전가시키는 교묘한 수법을 보이기 시작했고, 고소 외 ○○○은 피의자의 꼬임에 넘어가 피해자 소유였다가 경매에 붙여진 창고를 인수하기 위한 모의를 하기 시작하였던 사실도 있었고 다행이도 고소 외 ○○○이 피의자와 전화통화한 내용을 녹음하여 보관하고 있어서 피해자가 그 녹음 파일을 넘겨받았습니다.

그 녹음 화일 속에는 피의자가 피해자를 음해하는 내용에서부터 피해자를 어떻게 다루면 돈을 받을 수 있는지에 대한 방법을 소상하게 말해 주고 있는 것이 확연하게 들어나고 있었고, 더욱 심각한 것은 고소 외 ○○○에게 피해자의 거주지 주소를 말하며 지금 가보라는 대목도 있고 피해자가 언제 쯤 돈이 들어오니 그 때를 놓치지 말라고 하는 등 피해자를 이렇게 다뤄야 한다고 고소 외 ○○○의 유도 작전에 넘어 올 테니 그렇게 하라고 말한 내용도 들어 있습니다.

이러한 녹취록을 수사를 담당하던 경찰관에게 제시하면서 피의자의 기망행위 부분을 입증하려 했으나 이 또한 배척하였습니다.
피해자로서는 피해자가 입증하려는 또 다른 피해자인 고소 외 ○

○○이나 ○○○을 상대로 피의자가 피해자와의 똑 같은 방법으로 사기행각을 벌린 정황이 있었고, 녹취록 수사하였다면 과연 이러한 결과가 있었겠는가하는 강한 의구심을 가지고 있습니다.

4. 결론

그렇다면 수사를 제대로 하지 않은 결과에 기인한 검사 ○○○의 이 사건 불기소처분은 정의와 형평에 반하는 수사 및 자의적인 판단이라 아니할 수 없는 것이므로 이제 <u>고등검찰청에서 피해자의 항고이유에 귀 기울여 실체적 진실을 밝히고</u> 피의자를 엄벌에 처할 수 있도록 즉각적이고도 철저한 재기수사의 명을 내려 주시기 바랍니다.

소명자료 및 첨부서류

1. 증 제1호증   불기소이유통지서
1. 증 제2호증   녹취록

○○○○ 년 ○○ 월 ○○ 일

위 고소인(항고인) : ○   ○   ○   (인)

전주지방검찰청 검사장 귀중

항 고 장

사 건 번 호 : ○○○○형제○○○○호 특수상해 등

고 소 인(항 고 인) : ○   ○   ○ 외1

피고소인(피항고인) : ○   ○   ○

○   ○   ○

○○○○ 년 ○○ 월 ○○ 일

위 고소인(항고인)1 : ○   ○   ○   (인)

위 고소인(항고인)2 : ○   ○   ○   (인)

서울 고등검찰청 검사장 귀중

항   고   장

1.고 소 인(항 고 인)1

성 명	○ ○ ○	주민등록번호	생략
주 소	서울시 강북구 ○○로 ○길 ○○, ○○○동 ○○○○호 (○○동 ○○아파트)		
직 업	개인사업	사무실 주 소	생략
전 화	(휴대폰) 010 － 1277 － 0000		
사건번호	북부지방검찰청 ○○○○형제○○○○호 특수절도 등고소인 겸 피해자		

고 소 인(항 고 인)2

성 명	○ ○ ○	주민등록번호	생략
주 소	서울시 강북구 ○○로 ○길 ○○, ○○○동 ○○○○호 (○○동 ○○아파트)		
직 업	개인사업	사무실 주 소	생략
전 화	(휴대폰) 010 － 9900 － 0000		
사건번호	북부지방검찰청 ○○○○형제○○○○호 특수상해 등 고소인 겸 피해자		

2.피고소인(피항고인)1

성 명	○ ○ ○	주민등록번호	생략
주 소	서울시 강북구 ○○로 ○길 ○○, ○○○동 ○○○○호 (○○동 ○○아파트)		
직 업	무직	사무실 주 소	생략
전 화	(휴대폰) 010 - 3345 - 0000		
사건번호	북부지방검찰청 ○○○○형제○○○○호 특수절도 등 피고소인 겸 피의자		

피고소인(피항고인)2

성 명	○ ○ ○	주민등록번호	생략
주 소	서울시 강북구 ○○로 ○길 ○○,(○○동 ○○아파트 관리사무소)		
직 업	관리소장	사무실 주 소	생략
전 화	(휴대폰) 010 - 2212 - 0000		
사건번호	북부지방검찰청 ○○○○형제○○○○호 특수상 해 등 피고소인 겸 피의자		

항고취지

위 고소인1 ○○○의 피고소인(피항고인)1 ○○○에 대한 ○○○○형제○ ○○○호 업무방해, 특수절도 피의사건 및 고소인2 ○○○의 피고소인(피

항고인)2 ○○○에 대한 특수상해, 명예훼손 각 피의사건에 관하여 서울
북부지방검찰청 검사 ○○○은 ○○○○. ○○. ○○. 혐의 없음(증거불충
분)을 이유로 불기소처분결정을 한 바 있으나, 그 결정은 다음과 같은 이
유에 의하여 부당하여 이에 항고를 제기합니다.

항고이유

1. 불기소처분의 요지

가, 서울북부지방검찰청 검사 ○○○은 ○○○○. ○○. ○○. 고소
인1 ○○○(이하"피해자1"이라고 하겠습니다), 고소인2 ○○○
(이하"피해자2"라고 줄여 쓰겠습니다)이 피고소인1 ○○○(이하
"피의자1"라고 합니다), 피고소인2 ○○○(이하"피의자2"라고 합
니다)에 대하여 피의자1에게 특수절도 및 업무방해죄로 피의자2
에게 특수상해 및 명예훼손죄로 각 고소한 사건을 혐의 없음
증거불충분을 이유로 불기소처분(서울북부지방검찰청 ○○○○
형제○○○○호 다음부터는"불기소처분"이라고만 하겠습니다)을
하였는데, 그 불기소이유의 요지는 다음과 같습니다.

나, 불기소이유요지

(1) 피의자1 ○○○는 ○○동 ○○아파트(이하"아파트"라고 줄여
쓰겠습니다)에서 ○○○○. ○○. ○○. 실시한 입주자대표
회장에 출마한 자이고, 피의자2 ○○○은 위 아파트에 고용
된"관리사무소"소장입니다.

(2) 업무방해

피의자1은 위 아파트 입주자대표 회장에 입후보한 자로서 관리사무소 2층 선거관리사무소에서 입주자 대표회장 선거를 마치고 개표하기로 하였으나, 고소 외 피해자 ○○○(위 아파트에서 선출된 선거관리위원장이면서 이 사건 고소인이었으나 자신의 고소를 취하한 사실이 있습니다) 등이 주재하는 회의장에 입주자대표 회장 후보인 ○○○가 부정선거를 하였다는 이유로 "개표중지 요청서"를 선거관리위원회에 제출하고 개표장에 출입할 권한이 없는 회장 후보들까지 계획적으로 끌어들여 욕설을 하는 등 행패를 부려 정당한 개표업무를 방해하였다.

(3) 특수절도

○○○○. ○○. ○○. 21:30~21:36경 위 같은 장소에서 위 선거관리위원장 고소 외 ○○○ 등 2명이 개표를 할 경우 피의자 자신들이 원하는 후보가 낙선될 것을 예상하고 저지한다는 이유로 피의자1(불기소결정서에는 피의자5 입니다)이 합동으로 개표 중이던 위 선거관리사무소에 침입하여 투표함을 탈취하였다.

(4) 사문서위조 및 동 행사

피의자2(불기소결정서에는 피의자4) 입니다)는 위 아파트 관리사무소소장으로써 위 아파트 입주자대표 회장·감사선거와는 아무런 관련이 없으면서 ○○○○. ○○. ○○. 불상 장소에서 행사할 목적으로"회장·감사 선출선거 관련 안내문"이란 문서를 만들어 선거관리위원회의 명의로 작성하였다.

계속하여 이를 아파트 게시판에 ○○○○. ○○. ○○. 시간미상 경부터 같은 달 ○○.까지 게시하여 마치 선거관리위원회가 작성한 선거공고문처럼 하여 행사하였다.

(5) 특수상해

피의자2는 ○○○○. ○○. ○○. 15:44경 서울시 강북구 ○○로 ○길 ○○,(○○동 ○○아파트) 관리사무소 2층 선거관리사무소에서 개표 참관하는 피해자2 ○○○가 부정하게 개표하는데 참관한다는 이유로 그를 넘어뜨리고 항의하는 그를 재차 넘어뜨려 허리부상을 입히는 등 상해를 가하였다.

(6) 수사의견

선거관리위원 6명 모두 입주자 회장 입후보자 4명의 결정을 받아들여 부정선거를 조사 후 개표 하자고 하면서 개표를 연기한 사실이 있었다고 하고, 피해자2의 진술조서에서는 부정선거가 규명이 되면 바로 개표를 할 것처럼 하여 ○○○ 후보도 조사 후 개표를 하자고 한 것이라고 하였다.

선거관리위원인 ○○○, 정○○의 기명날인 된"투표함탈취, 불법개표 강행에 대한 공고문 게시요청"이라는 문서 확인하였는데 문서의 작성자는 선거관리위원인 ○○○, 장○○, 정○○으로 확인되었고, 피의자2에게 게시해 줄 것을 요구하여 절차에 의해 게시한 것에 불과하고, 피의자2가 제출한 자료 확인한바 피의자2의 진술과 부합되고 피해자2의 진술 외에 입증할 근거 및 증거 없었으며, 특수상해와 관련하여 피의자2가 제출한 CD동영상 확인하였더니 피의자2가 피해자2의 팔을 잡았으나 밀치는 장면이 없었고, 사건 외 ○○○이 피해자2의 허리를 잡아 당기는 장면을 확인할 수 없어 모두 불기소(혐의 없음) 의견이라는데 있습니다.

2. 이 사건의 실체

가, 피해자1은 위 ○○아파트의 선거관리위원이며, 같은 피해자2는 제○○동 동대표로서 위 아파트 제19대 입주자대표회의 회장 및 감사선거의 참관인입니다.

나, 피의자1 ○○○(앞으로는"피의자1"이라 합니다)는 위 아파트 제○○대 입주자대표 회장에 입후보한 자이고, 피의자2 ○○○(앞으로는"피의자2"라고만 합니다)은 위 아파트의 관리소장으로 고용된 자로써 위 아파트 제○○대 입주자대표 회장 및 감사선거와는 아무런 관련이 없는 자입니다.

다, 위 아파트의 제○○대 입주자대표 회장 및 감사선거실시

서울시 강북구 ○○로 ○길 ○○, ○○아파트 제○○대 입주자
대표 회장 및 감사선거는 ○○○○. ○○. ○○. ~ ○○○○.
○○. ○○.까지 4일 동안 입주민들의 직접선거에 의하여 평온
한 가운데 실시되어 투표가 완료되었습니다.

위 아파트의 선거관리규정에 의한 선거관리위원회 합의에 의하
면 ○○○○. ○○. ○○. 위 투표가 완료된 후 ○○○○. ○
○. ○○. 19:00에 동 선거관리위원장 주관 하에 개표를 진행
하도록 하였습니다.

1) 제○○대 선거의 개표참관금지

피의자1은 위 선거의 개표에 참관할 수 없습니다.

특히 위 아파트 선거관리규정에 의하면 위 선거에 회장 또
는 감사에 입후보한 자는 개표에 참관할 수 없는 것이므로
피의자1은 제○○대 입주자대표 회장선거에 입후보한 자로
서 위 선거의 개표에 참관할 수 도 없습니다.

2) 관리소장은 투개표 개입불가

피의자2는 관리소장으로서 일체 위 선거의 투개표에 개입할 수 없고 개입해서는 아니 됩니다.

피의자2는 위 아파트 관리소장으로 고용된 자이고, 행정관청인 강남구청의 직원도 아니고, 아파트 주민들이 뽑아서 선출한 사람도 아닌 피의자2에게 지급되는 급여 또한 우리 아파트 입주자가 납부하는 관리비에서 부담하는 고용인이기 때문에 위 아파트에서 실시한 제○○대 입주자대표 회장 및 감사선거의 투개표에 개입할 수 없습니다.

라, 투표함 은닉

피해자들이 피의자1과 피의자2를 투표함의 은닉 또는 탈취한 공범으로 지목한 것은 피의자1과 피의자2는 같은 학교의 동문이라는 점, 피의자1이 제○○대 입주자대표 회장에 입후보한 자이고, 피의자2는 관리사무소장으로써 속속들이 탈취한 투표함을 은닉할 수 있게 피의자1의 범행을 묵인한데 이어 은닉에 적극적으로 도운 정황이 있다는 점, 결정적인 계기는 ○○○○. ○○. ○○.야간에 위 아파트 관리사무소 지하에 보관된 투표함을 같은 모자와 같은 잠바 같은 옷을 입은 4명이 CCTV에 촬영된 것은 용역업체의 직원들로 보이고 진정 CCTV 영상에는 피의자1의 모습이 고스란히 찍혀있고 피의자1이 투표함을 고소 외 ○○○(피의자1, 피의자2 와 같은 학교동문으로 인과관계가 형성하여 의도적으로 불법투표라는 이의를 제기한 자입

- 208 -

니다)의 차량번호 ○○수○○○○호에 탈취한 투표함을 싣고 어디론가 은닉하는 장면이 고스란히 찍혀있다는 것입니다.(증2호"야간투표함절도"CCTV, 증3호 각 현황사진 참조).

마, 업무방해

피의자1은 전 라,항과 같이 피해자1이 위 아파트에서 선출된 선거관리위원으로서 선거관리규정 및 선거관리위원회 합의에 의하여 ○○○○. ○○. ○○. 19:00에 동 선거관리위원장 주관 하에 개표를 진행하도록 한 개표업무를 방해하기 위해 선거관리사무소로 무단침입한 후 난리를 피우는 등 개표업무를 방해하였습니다.

바, 특수상해

피해자2는 위 아파트 제○○동 동대표로서 위 아파트 제○○대 입주자대표회장 및 감사선거의 참관인입니다.

피해자2가 ○○○○. ○○. ○○. 위 입주자대표 회장 및 감사 선출 선거 개표를 참관하는 도중 아무런 자격도 없는 피의자2가 선거관리사무소에 무단 침입하였습니다.

피의자2는 위 개표가 한참진행중인 선거관리사무소로 무단 침입하여 개표를 참관하는 피해자2에게 느닷없이 달려들어 피해자2의 팔을 붙잡고 잡아당기면서 밀어붙이고 피해자2를 시멘트바닥에 넘어뜨렸습니다.

이에 피해자2는 콘크리트 바닥에 머리를 부딪치는 등 머리에 강한 충격을 받아 후두부 부상과 뇌진탕을 당하는 폭행으로 인하여 전치 3주간의 치료를 요하는 상해를 입게 하였습니다.(증2호"폭행"CCTV/15:44:27 촬영 분 증3호 사진, 증2호"2차 폭행"동영상/ 16:33부터 촬영 분 증3호 사진 각 참조),

사, 명예훼손

1) 피의자2에 대한 고의

특히 피의자2는 위 아파트에 계약직으로 고용된 자로써 자신과 인맥을 같이 하는 후보가 입주자대표 회장에 선출될 경우에 후일 있게 될 회계감사나 직무 감사에서 해고될 가능성 높다고 판단하고 자신의 중고교 동문인 피의자1이 입주자대표 회장이 되어야 고용 승계가 이루어질 것이라는 계획으로 노골적으로 자기 수하에 있는 경비원들에게 피의자1을 지지하도록 사전 선거운동까지 한 자입니다.

2) 피해자2에 대한 명예훼손

피의자2는 고의적으로 자신이 지지하는 피의자1을 위 아파트 입주자대표 회장에 당선시키려고 ○○○○. ○○. ○○. 위 아파트 주민 12,000여명이 볼 수 있도록 ○○개동 각 출입구 1층 엘리베이터 대기 장소와 엘리베이터 내부에 A4용지의 4배만한 크기의 대자보를 피의자2의 명의로 작성하여 부착하였습니다.

그 명예훼손적 내용에 의하면 "○○동 대표 ○○○ 주도하에 투표함 탈취", "신원불상 청년 4명을 동원하여 투표함 탈취 가세 하였으며 현행범으로 체포되었다"등으로 피해자2를 졸지에 투표함을 탈취한 탈취범으로 허위의 사실을 적시하여 피해자2에 대한 명예를 치명적으로 훼손하였습니다(증제○○호증 게시물 참고)

3) 허위의 사실 적시

전술한 바와 같이 투표함은 고소 외 ○○○, 같은 정○○, 피의자1 ○○○, 피의자2 ○○○(관리소장)이 탈취하여 은닉한 것으로 단지 피해자2는 제○○동 동대표로서 위 개표에 대한 참관인으로 참관한 사실밖에 없었는데 피해자2가 투표함을 탈취하였고, 마치 피해자2가 현행범으로 체포된 것처럼 허위사실을 적시해 유포한 것입니다.

3. 불기소처분의 이유

가, 검사 ○○○의 불기소처분이유의 요지는 다음 나, 항과 같습니다.(편의상 각 항목별로 ①, ②, ③, ④, 등을 첨가하여 구분하겠습니다.).

나, 피해자들과 피의자들은 상호 ○○동 ○○아파트 입주자대표 회장직을 차지하기 위한 경쟁관계에 있다.(①), 참관인도 없는 상황에서 저지하기 위한 행위로 정당한 행위다.(②), 투표함을 절취하는 장면은 없었다. 제출한 CD확인한바 피의자들이 투표함을 절취하는 것으로 볼 수 없다.(③), 피의자2가 제출한 CD 동영상 확인하였더니 피의자2가 피해자2 신영세의 팔을 잡았으나 밀치는 장면이 없었다.(④), 피의사실을 인정하기에 부족하고 달리 이를 인정할만한 증거 없으므로 결국 혐의 없음의 이유로 불기소처분을 함이 상당하다는데 있습니다.

다, 불기소처분 이유 중 (①),에 관련하여,

검사 ○○○은 피해자들은 피의자들과 현대아파트 입주자대표 회장직을 차지하기 위한 경쟁관계에 있다는 사실관계를 잘못 인정하고 말았습니다.

피해자1은 위 아파트에서 선출된 선거관리위원이며, 같은 피해자2는 위 아파트 제○○동 동 대표로써 위 개표에 대한 참관인으로 선거관리위원회로부터 요청을 받아 참관하였으며, 전술한 바와 같이 피의자1은 위 아파트 제○○대 입주자대표 회장에 출마한 자이고, 피의자2는 위 아파트에 고용된 관리소장이기 때문에 위 아파트의 회장 또는 감사선출에 대한 선거나 개표와는 전혀 관계도 없고 자격 또한 없는 자입니다.

그런데 검사 ○○○은 처음부터 피의자들을 기소하겠다는 의지도 없이 수사 또한 미진한 채 마치 피해자들을 통틀어 입주자대표 회장직을 차지하려는 경쟁관계에 있다는 사실관계를 잘못 인정한 후 불기소처분을 하고 말았습니다.

라, 불기소처분 이유 중 (②),에 관련하여,

검사 ○○○은 참관인도 없는 상황에서 저지하기 위한 행위로 정당한 행위라는 판단을 하고 말았는데 이는 수사미진으로 비롯된 중대한 사안입니다.

피해자2도 동 대표로서 참관인으로 개표상황을 참관하고 있었고 더불어 CCTV에서도 녹화된 바와 같이 많은 사람들이 지켜보는 가운데 선거관리사무소에서 개표가 진행되고 있었는데 참관인도 없이 불법개표를 저지하려고 했다는 피의자들이 둘러대는 거짓말을 액면 그대로 인정할 것이 아니라 피의자들이 둘러대는 거짓말에 대한 신빙성마저 일체 의심을 하지 않고 부랴부랴 불기소처분을 하고 말았습니다.

마, 불기소처분 이유 중 (③),에 관련하여,

검사 ○○○은 투표함을 절취하는 장면은 없었다. 제출한 CD 확인한바 피의자들이 투표함을 절취하는 것으로 볼 수 없다는 이유를 들어 불기소처분을 한 이유 중에 하나입니다.

피해자들이 이미 제출한 ○○○○. ○○. ○○. 야간에 촬영된 CCTV를 인용한 것은 피의자1가 위 아파트 관리사무소 지하에 보관된 투표함을 같은 모자와 같은 잠바 같은 옷을 입은 4명을 대동하고 피의자1이 투표함을 고소 외 ○○○의 차량번호 ○○수○○○○호에 탈취한 투표함을 싣고 어디론가 은닉하는 장면이 고스란히 찍혀있습니다.(증2호 "야간투표함절도" CCT V, 증3호 각 현황사진 참조).

그런데 검사 ○○○은 결정적인 증거가 되는 CCTV를 수사하고 차량번호 ○○수○○○○호의 차량에 투표함을 싣고 도주하는 장면이 고스란히 촬영된 이상 최소한 투표함 탈취에 동원된 차량인 ○○수○○○○호의 차량을 추적하여 차량의 소유자를 상대로 수사하고, 투표함 탈취에 따른 전모를 밝혔어야 하는데 이 부분에 대한 수사를 다하지 않아 버젓이 CCTV에 탈취하는 장면이 찍혀있음에도 피의자1이 투표함을 절취한 것으로 볼 수 없다는 엉뚱한 판단을 하고 말았습니다.

바, 불기소처분 이유 중 (④),에 관련하여,

검사 ○○○은 피의자2가 제출한 CD동영상 확인하였더니 피의자2가 피해자2의 팔을 잡았으나 밀치는 장면이 없었다는 허무맹랑한 판단도 하고 말았습니다.

피해자2가 ○○○○. ○○. ○○. 위 입주자대표 회장 및 감사 선출 선거 개표를 참관하고 있었습니다.

피의자2는 아파트에 고용된 사람으로서 위 아파트의 그 어떠한 선거나 투개표에 개입할 수 없고 개입해서는 아니 되는 자입니다.

피의자2는 위 선거관리사무소로 무단 침입하여 개표상황을 참관하고 있는 피해자2에게 느닷없이 달려들어 피해자2의 팔을 붙잡고 잡아당기면서 밀어붙이고 피해자2를 시멘트바닥에 넘어뜨렸습니다.

이에 피해자2는 콘크리트 바닥에 머리를 부딪치는 등 머리에 강한 충격을 받아 후두부 부상과 뇌진탕을 당하는 폭행으로 인하여 전치 3주간의 치료를 요하는 상해를 입게 하였습니다.(증2호"폭행"CCTV/15:44:27 촬영 분 증3호 사진, 증2호"2차 폭

행"동영상/1 6:33부터 촬영 분 증3호 사진 각 참조),

검사 ○○○은 정말 어이없게도 피의자2가 피해자2의 팔은 잡았으나 밀치는 장면은 없었다고 판단하였지만 피해자2가 이미 제출한(증2호"폭행"CCTV/15:44:27 촬영 분 증3호 사진, 증2호"2차 폭행"동영상/1 6:33부터 촬영 분 증3호 사진), 동영상에 의하면 피의자2가 피해자2의 팔을 잡아끌었고 밀치고 시멘트바닥에 넘어뜨리는 장면 또한 CCTV에 고스란히 녹화되어 있으므로 피해자2의 진술이 부합함에도 엉뚱한 판단을 하고 말았습니다.

그러므로 검사 ○○○은 피의자가 둘러대는 거짓말에만 귀를 기우릴 것이 아니라 폭행에 대한 동기로서 왜 피의자2가 선거관리위원회에 갔는지 조사하고 피의자2는 위 아파트의 선거나 투개표에 대한 참관은 할 수 있으나 투개표에 개입할 수 없는 것은 아닌지, 하필이면 참관인으로 참관하고 있는 피해자2에게 폭행을 가할 동기는 어디에 있었는지 기본적인 폭행의 범의를 조사하지 않고 불기소처분을 한 잘못을 저질렀습니다.

4. 수사에 배제된 명예훼손부분

가, 피해자2는 이 사건 고소사실에 누락된 것으로 이 사건 고소사건에 추가고소로 증제○○호 증으로 피의자2가 ○○○○. ○

○. ○○. 제○○대"회장·감사선거 진행상황 보고"라는 제목으로"○○동 ○○○ 동대표의 불법과 폭거에 합세한 선거관리위원장 ○○○, 위원 ○○○, ○○○은 자신들의 행동에 책임져야"할 것이다. 라는 허위사실을 적시해 피해자2의 명예를 치명적으로 훼손한 사실에 대해서는 전혀 불기소이유에서도 언급되지 않았을 뿐 아니라 수사자체를 하지 않았습니다.

나, 피의자2는 위 아파트의 선거에 대한 투개표상황에 개입해서는 아니 되는 위 아파트 선거 투개표에 깊숙이 개입한 것도 물론이거니와 피해자2가 개표참관인으로 참관한 피해자2에게 달려들어 팔을 잡아끌고 밀치는 바람에 시멘트바닥에 넘어뜨리는 등의 폭행으로 이 사건 고소까지 한데 대하여 앙심을 품고 마치 참관인인 피해자2가 투표함을 탈취한 범인인 것으로 조작하여 관리소장의 이름으로 아무런 관련이 없는 피해자2를 투표함 탈취범으로 허위사실을 적시해 부착하는 등 치명적인 명예를 훼손한 것입니다.

다, 설사 공공의 목적으로 입주민들에게 알린 것이라고 가정하더라도 피의자2는 개표 장소에 무단 침입하여 피해자2를 폭행하는 등 또 피의자1 등이 투표함을 탈취하였다는 사실을 잘 알고 있었으므로 고의성이 있었습니다.

라, 타인의 요청에 의한 사실적시도 명예훼손죄 성립

피의자2는 이 사건 고소와 관련하여 이미 제출된 증제○○호증의 선거관련 내용 게시문을 통하여 선거관리위원들의 요청에 의하여 허위사실을 적시한 것이라 하더라도 명예훼손죄는 피해자2에 대한 명예를 훼손할 만한 사실의 적시면 족합니다. 그 내용이 다른 사람에게 전해들은 것이나 지시에 의하여 요청에 의하여 적시하였다고 해도 공연히 구체적 사실을 적시한 것이므로 업무와 관련하더라도 지시나 요청에 의한 사실이 명예훼손죄의 성립에는 아무런 영향을 미치지 않는 것이므로 피의자2를 철저히 수사하여 다시는 이러한 행위를 하지 못하도록 법에 준엄함을 깨달을 수 있도록 엄히 처단하여 주시기 바랍니다.

5. 수사미진

가, 개표업무방해

1) 개표상황과 업무의 종류와 참관인원의 수와 그 내용, 그 업무가 합법한 것인가 조사하지 않았습니다.

2) 피해자의 사회적 지위와 능력을 확인하여야 하는데 조사를 하지 않았습니다.

3) 위력(외부로부터 수많은 용역업체 직원 등을 동원)을 사용
   하여 피해자의 의사를 제압·외포했는지 여부와 그 영향을
   조사하지 않았습니다.

4) 피해내용과 정도를 밝히지 않았습니다.

나, 2인 이상 투표함 합동탈취

1) 투표함 탈취에 사용된 ○○수○○○○호(CCTV 녹화된 차
   량) 차량의 소유자를 상대로 출처와 은닉 또는 방기여부를
   조사하지 않았습니다.

2) 차량의 소유자와 투표함 탈취에 동원 된 공범과 투표함을
   직접 차량에 싣고 어디론가 은닉하는 CCTV녹화 장면에 피
   의자1 한경규의 얼굴이 고스란히 촬영되어 있으나 구체적
   탈취행위를 조사하지 않았습니다.

3) 투표함 탈취에 동원된 ○○수○○○○호 차량의 소유자와
   투표함을 탈취한 피의자1 ○○○의 공범과 상습성의 유무를
   조사하지 않았습니다.

다, 집단적 폭행 등

1) 다중의 위력으로써 집단을 가장하여 위력을 보이면서 피의자2가 개표상황의 참관인으로 참석한 피해자2에게 느닷없이 달려들어 팔을 잡아끌고 밀고, 누군가가 뒤에서 허리를 잡는 등 집단으로 피해자2에게 폭행을 가하여 피해자2를 시멘트바닥에 넘어뜨리고 상해를 입힌 장면이 피해자2가 이미 제출한 CCTV녹화 장면에 고스란히 촬영되어 있음에도 행위자의 수와 누범의 경우를 조사하지 않았습니다.

2) 피의자2가 피해자2에게 달려들어 폭행 등 범죄행위의 원인과 그에 대한 동기를 조사하지 않았습니다.

3) 범죄의 유형과 원인, 그 행사방법과 동기를 조사하지 않았습니다.

라, 허위사실 적시(명예훼손)

1) 피의자2가 피해자2의 명예를 훼손하는 동기·목적을 조사하지 않았습니다.

2) 피의자2의 범행이 계획적이었는지를 조사하지 않았습니다.

3) 피해자2의 사회적 위치 등을 조사하지도 않았습니다.

4) 피의자2가 범행에 사용한 문서 등은 어디에서 누구로부터 입수했는지 조사하지 않았습니다.

5) 왜 범행을 행한 그 때, 그 장소를 택했는지 조사하지 않았습니다.

6) 범행의 방법도 조사하지 않았습니다.

7) 그 내용이 피해자2의 명예를 손상시킬 우려가 있다는 인식이 있는가를 조사하지 않았습니다.

6. 결론

그렇다면 검사 ○○○의 불기소처분은 전술한 5.항의 수사미진으로 인한 판단에 있어 사실관계에 반하는 자의적인 판단을 하고 말았으므로 이제 고등검찰청에서 피해자1. 같은 피해자2의 불복이유에 귀 기울여 실체적 진실을 밝히고 피의자1 ○○○와 같은 피의자2 ○○○을 엄벌에 처할 수 있게 즉각적이고도 철저한 재기수사의 명을 내려 주시기 바랍니다.

소명자료 및 첨부서류

1. 증 제1호증 　　　　　　　　　제○○대 회장·감사선거 진행상황 보고
1. 증 제2호증 　　　　　　　　　　　　　　　　　　　상해진단서

○○○○ 년 ○○ 월 ○○ 일

위 고소인(항고인)1 : ○　　○　　○　　(인)

위 고소인(항고인)2 : ○　　○　　○　　(인)

서울 고등검찰청 검사장 귀중

항 고 장

사   건 : ○○○○형제○○○○호 사기

항 고 인(고 소 인) : ○   ○   ○

피항고인(피고소인) : ○   ○   ○

서울 고등검찰청 검사장 귀중

항 고 장

1.항 고 인(고 소 인)

성 명	○ ○ ○	주민등록번호	생략
주 소	강원도 강릉시 ○○로 ○○, ○○○-○○○호		
직 업	사업	사무실 주 소	생략
전 화	(휴대폰) 010 - 1456 - 0000		
사건번호	□ 법정대리인(성명 : , 연락처) □ 항고대리인(성명 :변호사, 연락처)		

2.피항고인(피고소인)

성 명	○ ○ ○	주민등록번호	생략
주 소	강원도 강릉시 ○○로 ○○, ○○○-○○○호		
직 업	사업	사무실 주 소	생략
전 화	(휴대폰) 010 - 7556 - 0000		
사건번호	□ 법정대리인(성명 : , 연락처) □ 항고대리인(성명 :변호사, 연락처)		

위 피고소인에 대한 춘천지방검찰청 강릉지청 ○○○○형제○○○○호

배임 피의사건에 관하여 춘천지방검찰청 강릉지청이 ○○○○. ○○. ○○. 내린 혐의 없음(증거불충분) 결정에 대한 송달을 ○○○○. ○○. ○○. 받았으나 불복하므로 이에 항고를 합니다.

항고이유

추후 제출하도록 하겠습니다.

○○○○ 년 ○○ 월 ○○ 일

위 항고인(고소인) : ○ ○ ○   (인)

서울 고등검찰청 검사장 귀중

■ 대한법률편찬연구회 ■

연구회 발행도서
-2017년 소법전
-민법주석대전(전3권)
-법률학대사전
-고소장 장석방법과 실무
-탄원서 의견서 작성방법과 실무
-소액소장 작성방법과 실무

항소 · 항고 이유서 작성예시와 진행단계 및 절차 수록

항소·항고이유서 작성방법과실제   정가 24,000원

2025年 1月 10日 3版 印刷
2025年 1月 15日 3版 發行
   편　　저 : 대한법률편찬연구회
   발 행 인 : 김 현 호
   발 행 처 : 법문 북스
   공 급 처 : 법률미디어

152-050
  서울 구로구 경인로 54길4(구로동 636-62)
  TEL : (02)2636-2911~3, FAX : (02)2636~3012
  등록 : 1979년 8월 27일 제5-22호
  Home : www.lawb.co.kr

▌ISBN 978-89-7535-587-5 13360
▌이 도서의 국립중앙도서관 출판예정도서목록(CIP)은 서지정보유통지원시스템 홈페이지(http://seoji.nl.go.kr)와　　　　국가자료공동목록시스템 (http://www.nl.go.kr/kolisnet)에서　이용하실　수　있습니다.(CIP제어번호: CIP2017008823)
▌파본은 교환해 드립니다.